AF337453

MÉMOIRES INÉDITS

DE LATUDE.

IMPRIMERIE DE DONDEY-DUPRÉ.

Rue Saint-Louis, Nº 46, au Marais.

MÉMOIRES INÉDITS

DE L'INFORTUNÉ ET IMPRUDENT

LATUDE,

Contenant des particularités inconnues jusqu'à ce jour sur les grands torts de Latude envers Mme de Pompadour, et le véritable motif de la vengeance de cette favorite, vengeance qui s'étendit au-delà du tombeau et qui datait du tems du siége de Berg-op-Zoom, époque à laquelle l'impudente maîtresse décacheta dans son cabinet noir une lettre venue du théâtre de la guerre, signée de LATUDE, *ingénieur*, et contenant des injures dirigées contre elle. La lettre était adressée à M. Tilloy-des-Noyettes, avocat à Paris.

PAR THIERRI.

C'est avoir tort que d'avoir trop raison.

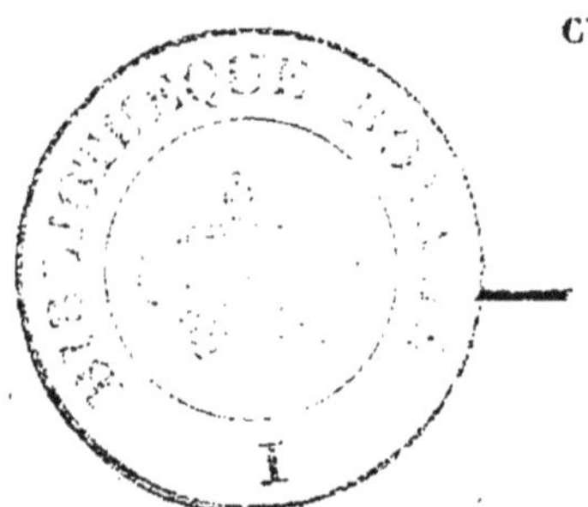

PARIS.

CHEZ GAUVAIN, ÉDITEUR,

Rue Saint-Antoine, 177.

—

1835.

MÉMOIRES INÉDITS

DE

LATUDE.

Louis XV avait épousé, en 1725, la fille de Stanislas Leczinski, roi détrôné de Pologne. Il parut goûter long-tems sur le trône le bonheur et la pureté d'un amour conjugal. Malheureusement, la reine, après avoir donné plusieurs enfans au roi, eut l'imprudence de prêter l'oreille aux charitables conseils de son confesseur, qui lui. fit entendre qu'ayant *amplement* rempli les devoirs d'épouse, elle devait *chrétiennement* se priver de plaisirs sensuels. Marie Leczinska profita des avis qu'on lui donnait, et c'est par suite de ces jésuitiques conseils qu'un jour elle repoussa avec dégoût les embrassemens de son époux. Louis XV, choqué de cet affront, jura qu'il ne s'exposerait pas une seconde fois à un pareil refus. Il tint parole.

Jusqu'alors, Louis avait résisté aux coupables insinuations de ces hommes qui spéculent sur les vices des princes ; et toutes les fois qu'on avait voulu tenter son cœur en lui vantant à dessein la beauté de quelque dame, Louis, dont la sagacité avait pénétré dans les intentions de ses courtisans, s'était contenté de répondre à l'éloge qu'on lui faisait des charmes de cette beauté : *Quoi ! la trouveriez-vous plus belle que la reine ?* Mais enfin le roi, fatigué de la vie bourgeoise à laquelle la reine et son confesseur l'avaient soumis, et en proie à des courtisans qui lui communiquèrent leur corruption, s'abandonna à la vie la plus licencieuse : ce fut le digne complément des saturnales de la régence.

A cette époque, la famille de Nesle était un véritable rosier galant. Une dame de cette maison, la comtesse de Mailly, enjouée, spirituelle, caressante, et possédant au suprême degré l'art de la toilette, chercha à exploiter à son profit la rupture du monarque avec son épouse. Le duc de Richelieu, grand connaisseur en fait d'intrigues galantes, fit adroitement sentir au roi le vide que l'indifférence de la reine laissait dans son cœur ; il l'amena à une entrevue avec Mme de Mailly, qui fut, peu de tems après, reconnue maîtresse en titre.

Ce premier pas fait, Louis ne connut plus aucun frein. La favorite devait bientôt connaître les tourmens de la jalousie, châtiment d'autant plus cruel, qu'elle fut obligée de partager avec sa sœur, jeune personne nouvellement sortie du couvent, un empire qu'elle voulait posséder seule. Plus belle que Mme de Mailly, l'aspirante au favoritisme s'était flattée de supplanter sa sœur aînée. Elle se hâta de réaliser ses désirs, devint grosse et fut mariée au comte de Vintimille.

Un troisième demoiselle de Nesle, la duchesse de Lauraguais, pendant la faveur même des deux sœurs, se mit sur les rangs de l'infamie, et fit tout ce qui était en son pouvoir pour captiver l'amoureux monarque. Elle obtint un succès passager.

Le roi libertin disait, en parlant des deux dernières souveraines de ses plaisirs : *Avec Mme de Vintimille le bonheur est maigre et délicat, tandis qu'avec Mme de Lauraguais il est gros et robuste.*

On ne sait quelle attraction portait Richelieu vers la famille de Nesle, mais, y ayant découvert un quatrième bouton de rose, il résolut de tenter encore l'inconstance du roi de France. Il lui fit donc sentir la nécessité de remplacer une passion par une autre. Cette quatrième beauté, du nom de Tournelle, imposa des conditions, et fit précéder sa défaite d'une capitulation en bonne forme. Voici à quel prix elle consentit à livrer le trésor de ses charmes au galant monarque :

1° Mme de Mailly, ma sœur, sera éloignée de la cour et renfermée dans un couvent;

2° Mon titre de marquise de La Tournelle sera changé en celui de duchesse de Châteauroux, et je jouirai des honneurs et distinctions attachés à cette dignité ;

3° Le roi me fera un sort convenable à mon rang, et capable de me mettre à l'abri de tous les revers.

4° Si je deviens favorite, le roi se mettra à la tête de ses armées.

L'amoureux Louis accorda tout, ainsi qu'une pension de 80,000 livres.

Des quatre filles du marquis de Nesle, Mlle de Tournelle, seule, sut justifier la nouvelle passion du roi. Elle l'arracha aux délices d'une cour voluptueuse, l'obligea à s'occuper des affaires de l'État, et le traîna aux frontières pour arrêter les progrès de l'ennemi, ne voulant pas, disait-elle, être accusée d'avoir détourné le prince des devoirs de la royauté. C'est pendant le règne de cette favorite que le roi fut surnommé le *Bien-Aimé* ; la duchesse mourut le 8 décembre 1744.

A peine la duchesse de Châteauroux eut-elle fermé les yeux que cent dames de la cour brûlaient de lui succéder, et se consumaient en séductions étudiées pour attirer sur elles les regards du voluptueux monarque. Une fête donnée à l'occasion du mariage du Dauphin seconda merveilleusement la coquetterie des jolies postulantes.

Il y eut à l'Hôtel-de-Ville un bal masqué que le roi et les nouveaux époux honorèrent de leur présence. Au milieu de cette galerie où toutes les beautés qui s'y trouvaient réunies rivalisaient de grâces et d'attraits, les désirs de Louis erraient de l'une à l'autre, sans trouver à se fixer. Cependant il songeait sérieusement à donner la survivance de Mme de Châteauroux. Tout-à-coup, un masque vint s'attacher à lui, et le lutina pendant un quart d'heure, dans un langage mêlé de malice, de flatterie et de soupirs significatifs, puis s'écria : *Quel malheur que le chasseur de la forêt de Sénart soit couronné !*

« La forêt de Sénart ! répéta vivement le monarque ; j'y suis, beau masque, tu es la charmante amazone que je remarque dans presque toutes mes chasses. — Je la connais, répondit l'inconnu. — De grâce, ajouta le roi, n'abuse pas de l'émotion que j'éprouve. »

Fatiguée des importunités qu'elle avait provoquées, l'aimable interlocutrice détacha son masque, et Louis reconnut les traits réellement enchanteurs de l'amazone de la forêt de Sénart..... C'était Mme d'Étioles, connue depuis sous le nom de *marquise de Pompadour*. Aussitôt la galante provocatrice se rejeta dans la foule masquée, de manière cependant à ne point échapper aux regards passionnés du prince. En fuyant, elle laissa tomber un mouchoir, que le roi, plus prompt qu'aucun de ses courtisans, s'empressa de relever. Puis, ne pouvant percer jusqu'à celle qui l'avait perdu, il le lui jeta avec politesse, en disant : *Au joli masque avec lequel je n'ai pu causer qu'un petit quart d'heure.*

Alors, il n'y eut qu'un cri dans la salle : *Le mouchoir est jeté ! le mouchoir est jeté !* A cette politesse toute française, on donna soudain une intention toute orientale. Les vingt beautés qui avaient des prétentions sur l'héritage galant de Mme de Châteauroux répétèrent : *Le mouchoir est jeté.*

Il l'était en effet, et le triomphe de Mme d'Étioles désespéra une foule de jeunes femmes, non moins empressées qu'elle de faillir. L'ambassadeur galant du roi, Richelieu, pensant comme toute la brillante réunion que le tissu de fine batiste était jeté, se chargea de prendre avec l'heureuse odalisque les arrangemens les plus prompts pour soulager le cœur de Louis.

Tels ont été les débuts de Mme d'Étioles. Néanmoins, son élévation au titre de favorite éprouva quelques difficultés. Elle n'était pas d'un rang à pouvoir faire ses conditions comme Mme de Châteauroux.

Mme d'Étioles, née en 1722, à la Ferté-sous-Jouare, était fille d'un sieur Poisson, qui amassa quelque argent en vendant du blé aux entrepreneurs de vivres : M. Châteauneuf dit que le père

d'Antoinette Poisson était sous-traitant, et fournissait *l'hôtel des Invalides de viande et de pain.*
Quoi qu'il en soit, l'industrie du sieur Poisson ne
fut pas l'unique cause de sa petite fortune ; il la
dut plus particulièrement aux agaçantes coquette-
ries de sa femme, personne d'une galanterie ex-
périmentée, qui échangea ses faveurs contre la
protection qu'un fermier-général, nommé Le Normand de Tournehem, accorda au sieur Poisson
dans son administration des vivres.

Quelques malversations ayant obligé Poisson de
prendre la fuite, et d'abandonner sa femme et sa
fille, Tournehem vint au secours de ces deux
dames. Cet attentif protecteur prit un soin tout pa-
ternel de la jeune Antoinette, à laquelle il fit donner une brillante éducation. Dès lors, la chronique
publia que cette jeune personne était un présent de
la sollicitude du fermier-général. A dix-neuf ans,
Jeanne-Antoinette possédait dans la perfection tous
les arts d'agrément : musique, danse, dessin, gra-
vure. Elle inspira bientôt à son protecteur un si
vif attachement, qu'il lui fit épouser son propre
neveu, M. Le Normand d'Étioles, à qui il assura
une partie de sa fortune.

Exaltée par les éloges de sa mère, qui ne ces-
sait de lui dire qu'elle était *un morceau de roi,* Antoinette, quoique avantageusement mariée, se fit
un monde fictif où les rois, prosternés à ses pieds,

lui proposaient l'échange de leur diadème contre une seule de ses plus expansives bontés. « Mme d'É-tioles , dit Voltaire , m'avoua qu'elle avait toujours eu un secret pressentiment qu'elle serait aimée du roi, et qu'elle s'était senti une violente inclination pour lui , sans trop la démêler. »

A force de s'entendre dire qu'elle était *digne d'un roi*, Mme d'Étioles conçut le désir de devenir la maîtresse de Louis XV. Elle assistait aux offices de la chapelle , ne manquait pas une seule chasse royale dans la forêt de Sénart , près de laquelle son époux avait un joli pavillon. Elle se présentait aux yeux du roi dans un équipage remarquable par son élégance et sa légèreté , dans un costume d'ama-zone , ou dans une mise prétentieuse , propre à ajouter quelque éclat à des charmes qui pouvaient aisément se passer du secours de l'art. La jolie am-bitieuse devait à la fin attirer sur elle l'attention du roi ; elle réussit , et chaque fois Louis lui envoyait du gibier par Richelieu , le plus complimenteur des courtisans du premier ordre.

Les choses en étaient à ce point , lorsque la mort précipitée de la duchesse de Châteauroux laissa le champ libre à Mme d'Étioles.

C'est au bal de l'Hôtel-de-Ville que fut totale-ment élaborée la bizarre destinée du malheureux Le Normand d'Étioles. Dès le lendemain , le nom de la favorite volait de bouche en bouche ; il n'était bruit à la cour et à la ville que de l'amour du roi pour sa nouvelle maîtresse. *Chère Antoinette*, s'écria Mme Poisson en apprenant cette heureuse nouvelle, *la voilà donc parvenue au rang des reines.....* de boudoir.

Quelques entrevues eurent lieu dans une maison située rue Croix-des-Petits-Champs, et dont une porte secrète donnait rue des Bons-Enfans. L'amoureux monarque arrivait par cette porte, accompagné de deux courtisans qui restaient avec la mère, tandis que leur maître s'entretenait avec la fille dans un appartement séparé.

En se rendant aux désirs pressans de son amant, la fille de l'obscur fournisseur des Invalides sentit qu'elle n'était pas en position de faire aucune des conditions imposées par celle qui venait de laisser vacante la place de favorite. La débutante se rendit à discrétion, et s'aperçut, bientôt après avoir cédé, que, pour conserver le cœur du volage monarque au milieu d'une foule de rivales titrées, il lui fallait suppléer à ses charmes, étudier le caractère faible et indécis de Louis, et enlever, pour ainsi dire de surprise, le poste de maîtresse en titre.

« Ce qu'il y avait de malheureux dans toute cette affaire, dit Mme de Pompadour dans ses Mémoires, c'est que mon mari n'était pas moins amoureux de moi que Sa Majesté pouvait l'être. De jour en jour ses inquiétudes et sa surveillance augmentaient. La joie qui brillait dans mes yeux , ma santé qui s'embellissait du contentement où j'étais , la conduite froide et décente que j'avais vis-à-vis de lui , et qu'il devinait bien n'être pas celle d'une femme privée de tout plaisir , tout augmentait ses soupçons.

» ..... La ruse de deux femmes réunies pouvait à peine lutter contre la jalousie de M. d'Étioles ; enfin, on ne pouvait pas aimer son roi, *tant le chien faisait bonne garde.* Alors, pour trouver plus d'occasions de m'approcher du roi sans exciter les fureurs jalouses de mon mari , nous décidâmes , ma mère et moi , de nous jeter dans le tourbillon de la cour. Nous savions que son amour-propre ne résisterait pas à cette idée , et , son honneur dût-il en souffrir , qu'il serait tout bouffi d'orgueil de pouvoir dire aux gentillâtres de sa connaissance : *Hier au soir ma femme a beaucoup perdu au jeu du roi.*

Un beau matin M. Le Normand se rendit à la cour. « Il trouva , ajoute Mme de Pompadour , écrit sur la grande porte du château , les vers suivans :

> De par le roi je suis cocu !
> Peut-on résister à son maître ?
> Tel seigneur en rira peut-être
> Qui l'est par le premier venu.

A cette lumière inattendue, le bonhomme se mit à faire un effroyable vacarme. Il ne s'agissait rien moins que de me faire enfermer, d'en appeler au parlement de la tyrannie du roi. Or, je vous demande si Louis le *Bien-Aimé* avait employé la tyrannie pour obtenir la possession de mon cœur.

» Je dis au roi que la patience de M. d'Étioles était poussée à bout, et qu'il avait résolu de m'attaquer devant les tribunaux. Le roi se mit à rire. Si ce n'était pas votre mari, dit-il, je le ferais enterrer pour le reste de ses jours ; mais comme il a fait preuve de bon goût en choisissant ma chère Antoinette, nous nous contenterons de le faire voyager..... Demain, les mousquetaires de M. le lieutenant de police seront à ses ordres. » En effet, le gentilhomme trahi reçut l'ordre d'aller promener sa bruyante douleur du côté d'Avignon. Il obéit !

Mme d'Étioles s'étant fait séparer de son mari, il ne convenait plus qu'elle portât le nom d'un simple sous-fermier. Le roi la qualifia *marquise de Pompadour* ; c'était le nom d'une vieille maison éteinte en 1722 ; elle en prit les armes. Dans les commencemens de cette nouvelle qualité, il en résulta une scène provinciale très-plaisante : M. d'Étioles exilé de Paris, cherchant à rétablir sa santé et à dissiper un reste de mélancolie par la diversité des objets, parcourait la France dans ses extrémités, jusqu'à ce qu'il lui fût permis de se rapprocher du centre ; il était complimenté, traité, accueilli et fêté partout. On ne doutait pas qu'il revînt à Paris et n'eût un grand crédit ; que du moins sa femme, instruite des égards qu'on avait eus pour lui, n'en sût gré, et que ce ne fût un titre à sa protection. Les plus grands seigneurs voulaient le posséder et le régaler. A une de ces fêtes se rencontra un vieux gentilhomme campagnard assez heureux pour n'avoir pas la moindre idée de la cour. Ce gentillâtre, frappé des marques de considération prodiguées au voyageur, demanda à l'un de ses voisins quel était ce personnage. *C'est*, lui répondit-on, *le mari de Mme la marquise de Pompadour*. A ces mots le noble campagnard demanda à boire ; puis, levant son verre, il dit à haute voix : *Monsieur le marquis de Pompadour, voulez-vous bien me permettre de saluer votre santé*, et tout le monde de rire, excepté le héros, dont c'était rouvrir cruellement la blessure. L'innocent orateur resta bien sot lorsqu'on lui eut appris la balourdise qu'il venait de faire, balourdise d'autant plus grande qu'elle était du nombre de celles qui ne se réparent point par aucune excuse, et qu'il faut absolument laisser tomber, de peur de les aggraver encore.

Cependant l'exil de M. d'Étioles fut de courte durée, il obtint bientôt une place de fermier-général ; toutefois il dut renoncer à revoir sa femme, promesse que sans doute il fit sans peine.

Malgré sa faveur, Mlle Poisson ne put arrêter le

cours de la justice , et bientôt son père, chassé de
sa patrie et fuyant de royaume en royaume, put
lire dans les papiers publics le jugement qui le con-
damnait à être pendu.

Tels furent les commencemens de celle qui attacha une si triste célébrité au nom de Pompadour ,
nom devant lequel tout dut s'incliner. Elle était spirituelle, aimable, insinuante, et parvint insensible-
ment à prendre en main les rênes de l'État. Dès-
lors tout ne marcha plus que par sa volonté. Les
Français lui auraient peut-être pardonné cette espèce d'usurpation si elle eût fait un noble usage de
son autorité ; mais malheureusement elle a commis
des fautes qui seront l'opprobre éternel de sa mémoire ; la crainte de voir s'échapper le pouvoir
qu'elle tenait lui rendait suspects tous ceux qui l'entouraient ; le soupçon était suivi du châtiment , et
tous les jours les portes de la Bastille s'ouvraient
pour recevoir de nouvelles victimes.

Maintenant , entretenons nos lecteurs d'un prisonnier de la Bastille dont la longue et cruelle captivité doit attendrir les cœurs sensibles, et dont l'industrie plus qu'humaine pour s'évader du gothique
édifice prouve que l'homme est capable de vaincre
les plus grands obstacles, surtout pour se procurer
la liberté.

On trouve dans les registres de la Bastille cette

note infidèle sur Latude, que nous plaçons ici avant d'entrer en matière , parce qu'elle contient quelques détails curieux :

« Le sieur Jean Daury Latude a été employé, dans les campagnes de Flandre, en 1747 et 1748, en qualité de garçon chirurgien. Se trouvant à Paris au mois de mars 1749, âgé de vingt-deux ans, et réduit à une extrême misère , sans argent et sans ressources, il avait prié sa mère , résidant en Languedoc, de lui faire passer quelques secours; la réponse qu'il en reçut n'ayant rien de satisfaisant , il était prêt à se livrer au désespoir , lorsqu'il lui vint l'idée de se faire , auprès de Mme de Pompadour, un mérite d'un avis qu'il se proposa de lui donner comme si ses jours étaient en danger.

» En conséquence, il imagina d'acheter une petite boîte, de mettre dans le fond *quatre de ces petites bouteilles* que les marchands de baromètre vendent aux enfans, et *qui crèvent dans la main avec explosion*, et d'adapter à chacune un bout de fil; ensuite il les couvrit d'un mélange de poudre à poudrer, d'alun et de vitriol en poudre; il ferma la boîte et lia les quatre bouts de fil de façon à ce qu'elle ne pût s'ouvrir sans faire *briser les petites bouteilles*, et produire une explosion plus effrayante par la fumée que dangereuse par l'effet.

» Il mit cette boîte dans une autre sur laquelle il écrivit : *Je vous prie, madame, d'ouvrir le paquet en particulier*. Il fit ensuite une enveloppe en papier, et mit pour inscription : *A madame la marquise de Pompadour, en cour*. Il porta ce paquet à la poste le 28 avril 1749, à huit heures du soir ; il partit ensuite pour Versailles, y arriva à minuit, et ne pouvant parler à *madame*, il dit à son valet de chambre qu'il venait la prévenir qu'elle recevrait une boîte contenant un poison subtil, qu'il en avait entendu le complot aux Tuileries formé par deux particuliers.

» Il fut arrêté le 29 avril 1749, par le sieur Vinfrais, et conduit chez M. Berryer, qui l'envoya à la Bastille (ce prisonnier a beaucoup coûté au roi par ses évasions ; il coûta 217,000 livres). »

Henri Masers de Latude naquit le 23 mars 1725, au château de Craiseilh, près de Montagnac en Languedoc, dans une terre appartenant au marquis de Latude, son père, chevalier de l'ordre royal et militaire de Saint-Louis, lieutenant-colonel au régiment d'Orléans-Dragons, mort lieutenant du roi à Sédan.

Nous n'entrerons pas dans le détail de ses premières années ; l'intéressante histoire de sa vie n'est que celle de ses malheurs et de ses miraculeuses évasions. Le jeune homme annonça des dispositions et un goût décidé pour les mathématiques ; ses parens s'appliquèrent à favoriser une telle inclination et le firent entrer dans le génie.

En 1747, son père l'adressa à M. Dumay, ingénieur en chef à Berg-op-Zoom ; celui-ci accueillit le fils de son ami, le reçut en qualité de surnuméraire, et lui fit prendre l'uniforme.

La guerre civile, qui régnait en Angleterre au commencement de cette année, n'avait pas suspendu les hostilités sur le continent, et les adversaires ne s'en montraient que plus acharnés. Depuis plus d'un mois, l'armée du roi était entrée en Zélande, et cependant M. Van Hoey continuait à résider en France en qualité d'ambassadeur ; on le plaisantait sur les événemens qui se passaient dans son pays ; on le tournait en ridicule. Un soir que ce représentant soupait chez le marquis de Fontaine, au dessert parut sur la table un gros fromage de Hollande : *Monsieur l'ambassadeur, c'est du fruit de votre pays,* lui dit le maître. M. Van Hoey n'y tint plus , il se leva brusquement, mit la main dans sa poche, jeta sur la table une poignée de ducats, et s'écria : *Voilà le fruit de mon pays.* Le surlendemain l'ambassadeur quitta Paris.

Quelques jours après ce départ précipité , le roi de France endossa sa belle cuirasse dorée, donna à la marquise de Pompadour un congé de quelques semaines en lui annonçant qu'il était déterminé à faire une quatrième campagne. S. M. partit de Versailles le 29 mai 1747 ; elle arriva à Bruxelles le 31. Là où une capitale était conquise, il y avait une entrée triomphante à faire, le monarque pouvait-il se dispenser d'y être ?

Tandis que le triomphateur se fait rendre compte au camp des circonstances de la victoire qu'il a remportée du fond de son voluptueux boudoir, la marquise de Pompadour invente un procédé dégoûtant, au moyen duquel elle pourra ouvrir les lettres avec tant d'habileté, qu'il sera impossible de s'apercevoir de l'opération à laquelle le cachet aura été soumis.

Voici l'infâme invention de Mme de Pompadour, invention qui fut l'origine des malheurs de l'infortuné Latude. Lorsqu'une lettre est fermée avec un pain à cacheter, il suffit de l'exposer pendant cinq minutes à la vapeur de l'eau bouillante ; le pain s'amollit, et peut, dès ce moment, être divisé en deux parties que l'on rapproche ensuite.

Lorsque la lettre est fermée avec de la cire, on fait fortement chauffer une lame de couteau semblable à peu près à celles dont les peintres se servent pour étendre et mélanger leurs couleurs sur la palette ; avec cette lame, aussi mince qu'on peut l'obtenir, on sépare l'empreinte de la partie de cire attachée au papier. Pour refermer la lettre, il suffit de passer légèrement la lame rougie sur le cachet de manière à ce qu'on puisse en rassembler les deux parties. L'impudente favorite s'en acquittait avec une dextérité vraiment remarquable.

S'il arrivait que le cachet de la lettre ait si peu d'épaisseur qu'on ne puisse le séparer en deux parties, même avec le couteau le plus mince, il faudrait recourir à un autre moyen : on prendra avec une boule de mercure l'empreinte du cachet, on amollira la cire pour ouvrir la lettre et la fermer, puis on se servira de la boule de mercure pour refaire l'empreinte. Cet expédient n'est pas aussi sûr que le premier.

Pendant que le roi gagne en personne, contre le duc de Cumberland, la bataille de Laufeld, moins disputée, mais plus sanglante que celle de Fontenoy, la favorite jette ses beaux yeux sur une lettre qui vient de Berg-op-Zoom, et qu'elle soupçonne, instruite qu'elle est des intentions du roi d'assiéger cette place, devoir révéler quelques secrets importans. La missive est signée *de Latude, ingénieur.* Ce jeune homme écrivait à M. Tilloy-des-Noyettes, avocat à Paris. Il instruisait son ami de la carrière qu'il avait embrassée, et de l'époque où devait finir son surnumérariat. La marquise allait replacer le cachet sur la lettre sans vouloir en achever la lecture, lorsqu'en jetant les yeux sur le verso du feuillet, elle s'aperçut que le nom de son père, *M. Poisson*, y était écrit.

Latude mandait à son ami que, lors de l'avènement de la *petite Poisson* au trône... du canapé royal, son père, l'ex-boucher des Invalides, voyageait dans les Pays-Bas. Ce rustre sans égal, ce père putatif de la cinquième *catin* de Louis XV, disait-il, après avoir puisé en France dans la caisse confiée à sa surveillance, est passé par Bruxelles, où il s'est fait une mauvaise réputation. Maintenant c'est le *gendre de M. Poisson* qui explore les Pays-Bas. Il s'y acquiert une tout autre renommée. Le 2 juillet, S. M. a gagné en personne la bataille de Laufeld ; elle paraît vouloir menacer Maëstricht. Les Brabançons craignent l'épée du roi ; vous, méfiez-vous de son *fourreau !* En cas de blocus de la part du royal paladin, les bourgeois de Berg-op-Zoom se préparent à opposer une vigoureuse résistance ; ils se rappellent avec plaisir que le prince de Parme assiégea inutilement cette place en 1581, et que le marquis de Spinola fut obligé d'en lever le siége en 1622, après une perte de plus de dix mille hommes. La ville de Berg-op-Zoom, qu'on a surnommée *la pucelle*, est une des plus fortes places des Pays-Bas, tant à cause de ses fortifications que des marais qui l'environnent.

Quelles expressions insultantes ! s'écria Mme de Pompadour en relisant ces mots : *L'avènement de la petite Poisson au trône du canapé royal. Le père putatif de la cinquième catin de Louis XV... le fourreau du roi !* Ah ! l'amitié des rois entraîne avec elle bien des chagrins... Mon cœur est péniblement affecté. Je me demande pourquoi ce mépris contre une femme coupable peut-être aux yeux de Marie Leczinska, mais à laquelle cet élève ingénieur n'a rien à reprocher. Pourquoi donc le peuple, qui n'a en rien souffert de ma faveur, a-t-il conçu pour moi cette haine irréfléchie ? Non seulement je ferai punir les coupables, mais je ferai poursuivre ceux avec lesquels ils correspondent. Cette lettre sera portée à son adresse... Non... je veux la garder... Je sais pourquoi maintenant les philosophes s'accordent à dire que *de toutes les prisons d'état dont il est question dans l'histoire de France, la Bastille est, sans contredit, la plus célèbre...*

Le roi croyait s'être donné à Laufeld toutes les garanties d'une victoire complète. L'ennemi, vaincu, se retira sans désordre sous Maëstricht. Mais si l'attaque de cette place fut vigoureuse, la défense fut intrépide. Six mille hommes restèrent de part et d'autre sur le champ de bataille. Forcé de renoncer à prendre Maëstricht, le roi ordonna au comte de Lowendal d'assiéger Berg-op-Zoom *la pucelle.*

Ce qui devait inspirer encore plus de sécurité aux habitans de cette place, chef-d'œuvre du célèbre Cohorn, c'est qu'elle avait l'avantage d'être continuellement rafraîchie de troupes. La valeur seule devait triompher de cette ville. Dès le 15 juillet, la tranchée fut ouverte devant Berg-op-Zoom. Mais les assiégés ne croyaient point à la prise de cette place, parce qu'elle avait une communication qu'on

ne pouvait couper avec l'armée du comte de Schwart-
zemberg. Malgré tant d'obstacles, la pucelle de
Cohorn fut prise d'assaut après soixante-quinze
jours de tranchée ouverte. Dans la nuit du 16 au
17 septembre 1747, les Français y pénétrèrent. À
la pointe du jour, Louis XV vit de sa tente le dra-
peau fleurdelisé flotter sur les remparts d'une ville
pillée, saccagée et livrée aux plus atroces excès.
Les soldats firent un butin considérable. Jamais victoire ne couvrit les triomphateurs de moins de gloire
et de plus d'opprobre.

Pendant le sac de Berg-op-Zoom, la conduite
héroïque de Latude sauva plusieurs dames de la
plus horrible destinée. Ensuite il livra au comte de
Lowendal six barques chargées de vivres et de mu-
nitions, que les Hollandais envoyaient aux assiégés ;
on avait écrit sur ces ballots : *A l'invincible garnison
de Berg-op-Zoom.*

Quel malheur que mes deux meilleurs généraux,
le maréchal de Saxe et le comte de Lowendal, ne
soient pas nés en France, disait Louis XV à ses
courtisans, en faisant son entrée triomphante à
Berg-op-Zoom la pucelle ! Messieurs, convenons-en,
il est humiliant de voir que le royaume ne produit
plus de capitaines de cette trempe. *C'est qu'aujour-
d'hui*, répondit le prince de Conti, *nos femmes ont
affaire à leurs laquais.*

Le surnumérariat de Latude allait finir : il allait

être en pied, lorsque la paix de 1748 fut conclue. Le marquis de Latude voulut que son fils mît à profit cet instant de repos ; il l'envoya à Paris pour suivre ses cours de mathématiques et achever son éducation. Le jeune Latude arriva dans la capitale au moment où tout semblait favoriser la marquise, dont la fortune et le crédit allaient croissant, aussi bien que la haine du peuple. On ne prononçait son nom qu'avec un mépris mêlé d'horreur, et l'on trouvait dans toutes les bouches l'expression d'un sentiment qui remplissait tous les cœurs.

Depuis plus d'un an, une incommodité qui aurait dû ruiner le crédit de la favorite était venu au contraire prouver tout l'empire qu'elle exerçait sur l'esprit du monarque. Un dérangement auquel les dames sont sujettes attaquait la marquise avec tant de force, que, pour éviter les graves inconvéniens qui en pourraient résulter pour son royal amant, celui-ci, sur l'avis des médecins Senac et Quesnay, avait été obligé de s'interdire avec elle les plaisirs dont il s'était jusqu'alors fait une douce habitude.

Mme de Pompadour était poursuivie avec une constance qui ne pouvait être égalée que par celle qu'elle-même apportait dans ses vengeances.

Le comte de Maurepas, qui n'aimait point la marquise, se distinguait surtout parmi ceux qui riaient à ses dépens. Il s'était déjà permis quelques plaisanteries sur le compte de la favorite, et Louis en avait ri. Un jour, à Marly, S. M. trouva sous sa serviette le quatrain suivant, que nous sommes forcés de copier :

> La marquise a bien des appas ;
> Ses traits sont vifs, ses grâces franches,
> Et les fleurs naissent sous ses pas...
> Mais hélas ! ce sont des fleurs blanches.

L'insulte était d'autant plus sanglante, que, dans une femme dont la sagesse n'est pas exemplaire, la gente papillonnante est toujours disposée à l'attribuer à l'incontinence. Il n'était pas prouvé que le comte fût coupable ; il faisait des vers, ceux-ci durent être de lui.

. Maurepas, qui gérait la marine depuis trente ans, fut remplacé par M. Roullié : ce qui fit dire, en jouant sur les mots, *qu'on donnait la marine à conduire à un roulier*.

L'empressement du public à rechercher ces épigrammes, à les apprendre par cœur, à se les communiquer, prouva que les lecteurs adoptaient les sentimens des auteurs. Mon propriétaire me conta, dit Latude, que Mmes Poisson n'étaient jamais désignées que sous le nom de *la femme* ou *de la fille du pendu*. Un jour, la mère ayant acheté du bois, sans avoir eu la précaution de faire son prix avec le marchand, celui-ci voulut lui vendre dix écus la mesure. Allons donc, lui dit Mme Poisson avec colère, c'est une friponnerie, dix écus *la corde*.—Oh !

ma belle dame , reprit le marchand , on en donne-
rait une pareille à votre mari à bien meilleur
marché.

J'étais jeune, continue la victime de Mme de Pompadour, j'avais toute l'activité de mon âge, et j'é-
prouvais sans cesse le tourment qu'elle cause à ceux
qui veulent jouer un rôle brillant, et qui prennent
pour du talent l'agitation de leur esprit. J'aurais
accepté , à quelque prix que ce fût, le bonheur de
parvenir. Mais, pour cela, il fallait des protecteurs ;
je les voulais puissans ; mon amour-propre les cher-
chait dans les premiers rangs , ou plutôt l'amour
de la gloire ; car pourquoi dégrader cette passion
qui, dans un jeune homme, est toujours un senti
ment noble et digne de quelque estime ? Quoi qu'il
en soit, je n'étais pas connu , je voulais l'être ; et
pour en chercher les moyens, je ne pris conseil que
de mon imagination : voici celui qu'elle me suggéra.

Une femme impérieuse, la marquise de Pompadour, expiait, par la haine universelle, le crime
d'avoir fait perdre au roi le respect et l'amour de
ses sujets : elle venait d'y ajouter celui d'avoir sacrifié un ministre chéri, dont elle avait puni une
plaisanterie ingénieuse par la disgrâce et l'exil.

Un jour du mois d'avril 1749 , j'étais aux Tuileries ; deux hommes assis à côté de moi se livraient
contre elle à l'indignation la plus vive. Le feu qui
paraissait les enflammer échauffa mon esprit, qui,

toujours dirigé, depuis mon arrivée à Paris, vers le but auquel tendaient toutes mes méditations, crut trouver dans un projet qu'il enfanta alors un moyen sûr d'opérer mon avancement et d'assurer ma fortune. Il ne me paraissait pas suffisant d'avertir la marquise de l'opinion publique ; sans doute je ne lui aurais rien appris qu'elle ne sût ou dont elle ne se doutât. J'imaginai de signaler davantage mon zèle, et de l'intéresser à mon sort par la reconnaissance.

Après avoir jeté à la poste une petite boîte de carton à son adresse, dans laquelle j'avais mis une poudre qui ne pouvait causer aucun mal, je courus à Versailles, je lui racontai ce que j'avais entendu, j'exagérai le désir que ces deux inconnus avaient montré de disputer à d'autres la gloire d'en délivrer la France, et j'ajoutai que je les avais suivis jusqu'à la grande poste, où ils avaient porté un paquet, que, d'après leurs discours, je devais soupçonner être pour elle, et renfermer peut-être quelque poison très-subtil.

Le premier mouvement de la marquise fut de m'exprimer la sensibilité la plus vive, et de m'offrir une bourse pleine d'or, que je refusai en lui disant que j'osais prétendre à une récompense plus digne d'elle et de moi, d'après la connaissance que je lui donnai de mon état et de ma bonne volonté.

Soupçonneuse et défiante comme le sont les tyrans, elle voulut avoir de mon écriture, et, sous prétexte de conserver mon nom et mon adresse, elle me fit mettre à son bureau pour les lui donner.

L'ivresse que me causait la réussite de mon projet, la vivacité de mon caractère, ne me permirent pas d'apercevoir le piége; et je ne réfléchis pas qu'en traçant avec la même main les caractères des deux adresses, j'allais me découvrir. Je revins chez moi, fier de mon ouvrage, et calculant déjà tous les degrés de ma grandeur future.

La marquise reçut le paquet : elle fit faire, sur divers animaux, l'essai de la poudre qu'on y trouva. Voyant qu'elle n'avait rien de malfaisant, et reconnaissant, à la vue des deux adresses, que c'était la même main qui les avait écrites, elle regarda comme un crime cette étourderie, et donna contre moi les ordres les plus rigoureux.

Le 1er mai suivant, pendant que je me livrais aux rêveries les plus brillantes, un exempt, nommé Saint-Marc, suivi de quelques archers, vint interrompre ce doux sommeil. J'étais alors dans un hôtel garni du cul-de-sac du Coq, où je logeais. On me jeta dans un fiacre, et je fus conduit, vers les huit heures du soir, à la Bastille.

Je fus introduit dans une salle basse, appelée *chambre du conseil*, où je trouvai tous les officiers du château qui m'attendaient. Je fus fouillé de la tête aux pieds : on me dépouilla de tous mes vêtemens ; on me prit tout ce que j'avais sur moi , argent, bijoux, papiers ; on me revêtit d'infâmes haillons, qui sans doute avaient été déjà imprégnés des larmes d'une foule d'autres malheureux. Cette cérémonie, empruntée de l'Inquisition , s'appelait à la Bastille *faire l'entrée d'un prisonnier*. On me fit écrire sur un registre que je venais d'entrer à la Bastille : ensuite on me conduisit dans une chambre de la tour, nommée *la tour du Coin*. On ferma sur moi deux portes épaisses, et on me laissa seul , sans m'avoir appris quel était mon crime, et quel allait être mon sort.

M. Berryer, lieutenant de police, vint m'interroger. Ce magistrat inspirait la confiance par sa douceur et sa bonté. Il osait, pour faire le bien, se mettre au-dessus des préjugés , et ne consultait jamais, dans l'exercice de ses fonctions, que son cœur et son devoir. Un pareil homme était déplacé dans la cour de la marquise.

Je ne lui dissimulai ni ce que j'avais fait, ni le but que je m'étais proposé. Ma candeur l'intéressa ; il ne vit dans cette action qu'un trait de jeunesse, excusable peut-être par son objet, digne au plus d'une légère correction. Il me promit d'être, auprès de madame de Pompadour, mon protecteur, et de lui demander ma liberté. Il revint, quelques jours après, me demander si je n'avais pas été à Berg-op-Zoom. Je lui répondis que j'y étais encore lors du

siége de cette place, et que j'avais rendu des services à l'armée française. Vous êtes bien imprudent,
me dit-il. Madame la marquise ne peut entendre
prononcer votre nom sans entrer en courroux.
L'affaire pour laquelle on vous a ravi votre liberté
n'a été qu'un prétexte ; on vous en voulait anté-
rieurement. Vous avez écrit de Berg-op-Zoom. Vous
n'auriez jamais dû venir à Paris. Je suis obligé de
vous l'avouer, la favorite est inexorable.

Qu'on juge de mon état à cette nouvelle : seul ,
livré à mon imagination, sans espoir, sans ressources, cherchant sans cesse à démêler dans l'avenir
quel serait mon sort, et n'y découvrant qu'un abîme
affreux. M. Berryer chercha à me procurer tous les
soulagemens qui dépendaient de lui : il donna des
ordres pour qu'on ne me laissât manquer de rien,
et m'envoya un compagnon d'infortune. Cet homme, nommé Joseph Abuzaglo, juif, était à Paris l'a-
gent secret du roi d'Angleterre ; ses lettres, ouver-
tes à la poste, le trahirent, et il fut mis à la Bastille.
Il avait de l'esprit ; et, dans toute autre situation,
j'aurais trouvé de l'agrément dans sa société, et de
la douceur à me lier avec lui ; mais, loin de nous
soulager mutuellement, chacun de nous semblait ac-
croître ses maux et son désespoir de ceux de son
ami.

Abuzaglo avait une femme et des enfans qu'il
chérissait tendrement, et dont on avait la cruauté

d'intercepter toutes les lettres, et de ne lui donner aucunes nouvelles, selon le régime atroce de la Bastille. Il supportait sa captivité avec moins de courage et de force encore que moi : il pouvait cependant concevoir quelques espérances ; il avait été recommandé, d'une manière spéciale, à M. le prince de Conti, qui l'avait accueilli avec trop de bonté pour qu'il ne se flattât pas qu'il s'emploierait pour lui obtenir sa liberté. Il m'en promit aussi la protection, et nous jurâmes que le premier qui sortirait s'occuperait, avant tout et sans relâche, de la délivrance de l'autre. Déjà nous nous repaissions volontier de cette idée, et elle commençait à nous consoler ; mais il n'entrait pas dans le plan de mes persécuteurs de me laisser jouir même de l'espérance de voir changer mon sort.

J'ignorais alors qu'une des fonctions principales des porte-clefs était d'épier les discours des prisonniers : sans doute on eût désiré qu'ils pussent pénétrer aussi dans leur ame et y lire leurs pensées. Je crois être certain qu'on avait ouï les promesses qu'Abuzaglo m'avait faites ; et comme il ne m'avait pas exagéré son crédit, et qu'infailliblement le premier usage qu'il aurait fait de sa liberté, qu'il ne tarda pas à recouvrer, eût été de chercher à me procurer la mienne, on résolut de nous séparer et de nous tromper.

Dans le courant de septembre 1749, quatre

mois environ après ma détention, trois porte-clefs entrèrent dans notre chambre; et l'un deux, s'adressant à moi, me dit que l'ordre de mon élargissement venait d'arriver : Abuzaglo se jeta à mon cou, m'embrassa tendrement, et me pria de me souvenir de nos promesses; je doute si mon premier sentiment alors ne fut pas la joie de pouvoir briser ses fers; mais, hélas! cette sensation délicieuse devait être bientôt elle-même un tourment de plus.

A peine eus-je passé le seuil de la porte de ma prison, que l'on m'apprit que j'allais être transféré à Vincennes : qu'on se peigne mon désespoir à cette nouvelle, d'après l'horreur qu'elle inspire. J'ai su, depuis, qu'Abuzaglo avait obtenu, peu de tems après, son élargissement : mais me croyant libre, apprenant d'ailleurs que je ne m'étais nullement occupé de lui, il chercha peu à s'informer de ce que je pouvais être devenu; et sans doute il ne me crut digne que de l'oubli dont il m'accusait lui-même.

Je tombai malade dans ma nouvelle prison. Le bon M. Berryer vint encore me consoler. Il fut indigné de la conduite qu'on avait tenue envers moi; mais il ne pouvait changer le régime de ces lieux. Il me fit donner l'appartement le plus commode du donjon, et me plaça près de la chambre de l'avocat Tilloy-des-Noyettes, arrêté pour avoir, disait-on, rédigé un pamphlet qui déplaisait à madame de Pompadour. L'idée que ma translation devait me

faire craindre une captivité très-longue, peut-être
éternelle, empoisonnait mon existence. Mon courage ne se soutint que par l'espoir que je pourrais
un jour me procurer ma liberté ; je conçus que je
ne devais l'attendre que de moi-même. Dès lors je
ne m'occupai que des moyens d'y parvenir.

Je voyais tous les jours un ecclésiastique âgé se
promener dans un jardin attenant au donjon. J'appris qu'il y était enfermé depuis long-tems pour
cause de jansénisme. L'abbé de Saint-Sauveur avait
la liberté de venir causer avec lui dans ce jardin,
et il en profitait souvent. Notre janséniste d'ailleurs
enseignait à lire et à écrire aux enfans de plusieurs
officiers du château ; l'abbé et les enfans allaient et
venaient sans qu'on y fît beaucoup d'attention.

L'heure à laquelle se faisaient ces promenades
était à peu près celle où l'on me menait dans un jardin voisin , qui est aussi dans l'enclos du château.
M. Berryer avait ordonné qu'on m'y laissât trois
heures par jour, pour prendre l'air et un exercice
propre à rétablir ma santé. Deux porte-clefs venaient
me chercher et me conduisaient ; quelquefois le
plus âgé allait m'attendre au jardin, et le plus jeune
venait seul ouvrir les portes de ma prison ; je l'ha-
bituai, pendant quelque tems , à me voir descendre
l'escalier plus vite que lui ; et, sans l'attendre , je
rejoignais son camarade ; arrivé au jardin , il me
trouvait toujours avec ce dernier.

Un jour , résolu à quelque prix que ce fût, de m'échapper, à peine la porte de ma chambre eut-elle été ouverte , que je m'élançai sur l'escalier ; j'étais au bas de la tour avant que le porte-clefs eût songé à me suivre ; je fermai au verrou une porte qui s'y trouve, pour rompre toute communication entre les deux porte-clefs, pendant que j'exécuterais mon projet.

Il y avait quatre sentinelles à tromper ; la première était à une porte qui conduisait hors du donjon, et qui était toujours fermée. Je frappe ! la sentinelle ouvre , je demande l'abbé de Saint-Sauveur avec vivacité : « Depuis deux heures , dis-je , » notre prêtre l'attend au jardin, je cours après lui » de tous côtés sans pouvoir le rencontrer ; mais » morbleu, il me paiera ma course. » En parlant de la sorte, je continuais toujours à marcher avec la même vitesse. A l'extrémité de la voûte, qui est au-dessous de l'horloge , je trouve une autre sentinelle , je lui demande s'il y avait long-tems que l'abbé de Saint-Sauveur était sorti ; elle me répond qu'elle n'en sait rien, et me laisse passer ; même question à la troisième, qui était de l'autre côté du pont-levis , et qui m'assure qu'elle ne l'a pas vu : *Je l'aurai bientôt trouvé*, m'écriai-je. Transporté de joie, je cours, je saute comme un enfant ; j'arrive, dans cet état, devant une quatrième sentinelle, qui, bien éloignée de me prendre pour un prisonnier, ne trouve pas plus surprenant que les autres de me voir courir après l'abbé de Saint-Sauveur ; je franchis le seuil de la porte, je m'élance, je me dérobe à leurs regards, je suis libre !

Ce fut le 25 juin 1750 , après neuf mois de détention à Vincennes et cinq à la Bastille, que je fus assez heureux pour m'évader.

Je courus à travers les champs et les vignes, en m'écartant le plus que je pouvais du grand chemin; je vins à Paris me cacher dans un hôtel garni.

Jusqu'à ce moment je n'avais pris conseil que de ma tête ; je devais m'en défier , et pour cette fois je consultai mon cœur; mais il ne fut pas un guide plus heureux. Jusque-là trop de vivacité ne m'avait faire que des sottises; trop de candeur cette fois me perdit et me replongea dans l'abîme. Je m'avisai de juger la marquise de Pompadour d'après moi-même ; je crus intéresser sa délicatesse en lui montrant quelque confiance, ou au moins en ne paraissant pas la craindre et douter de ses bontés ; j'attendais mon pardon, parce que je sentais qu'à sa place je l'aurais accordé; j'ignorais alors que les sentimens et les passions diffèrent comme ceux qui les éprouvent , selon qu'ils se meuvent dans une ame honnête, ou qu'ils agitent une ame corrompue.

Je rédigeai un mémoire, que j'adressai au roi : j'y parlais de Mme de Pompadour avec respect, et de mes fautes envers elles avec repentir. Je demandais qu'elle se contentât de la punition que j'avais subie, ou en tous cas, si on pensait que quatorze mois de prison n'avaient pas suffisamment expié mes torts, j'osais implorer la clémence de celle que j'avais offensée et la miséricorde de mon roi. Je terminais ce mémoire par indiquer l'asile que j'avais choisi, confiance qui seule eût dû m'obtenir le pardon d'un crime, si j'en eusse été coupable.

J'avais connu au château de Vincennes le docteur Quesnai, médecin du roi et de la marquise : il m'avait alors témoigné quelqu'intérêt et offert ses services ; je fus le trouver ; je lui confiai mon mémoire, qu'il me promit de remettre. Je ne doute pas que le roi n'eût été touché de ma confiance en sa bonté ; mais il lui arrivait si rarement de suivre les impulsions de son ame ! Aurais-je dû penser qu'il ne consulterait qu'elle, quand il s'agissait d'un fait qui intéressait la favorite à laquelle il rapportait toutes ses idées et ses affections? et ne devais-je pas croire bien plutôt que celle-ci, irritée de ce que je ne m'étais pas adressé à elle-même directement, ou peut-être de ce que je l'exposais à rougir devant son souverain, en dévoilant son injustice et son atrocité envers moi, saurait venger son orgueil si cruellement blessé. Je le répète, j'étais jeune ; je connaissais peu le cœur des hommes , bien moins encore celui des tyrans ; et j'étais loin d'imaginer que Mme Poisson, dont l'ame devait être épuisée chaque jour par tant d'épigrammes diverses, aurait conservé une haine assez active pour me poursuivre sans cesse, et punir par tant de tourmens une ingénieuse impertinence. J'ai payé bien cher ma funeste correspondance de Berg-op-Zoom.

Chaque jour cette courtisane obtenait les honneurs de la chanson populaire. Incapable depuis long-tems d'enivrer les sens de son amant par ses charmes, elle s'attachait à captiver son esprit, pour le subjuguer et se rendre indispensable. Elle avait créé le Parc-aux-Cerfs ! son infirmité avait fait tomber l'expression dont je m'étais servi dans ma lettre : on ne disait plus : *Voilà le fourreau du roi qui passe*, mais le public malin n'avait pas oublié certaine chanson attribuée à M. le comte de Maurepas :

> Cette petite bourgeoise,
> Élevée à la grivoise,
> Mesurant tout à sa toise,
> Fait de la cour son taudis.
> Louis, malgré son scrupule,
> Froidement pour elle brûle,
> Et son amour ridicule
> A fait rire tout Paris, etc.

L'adulation de cette maîtresse en titre ne consistait pas simplement dans l'art d'approuver en tout le monarque, d'applaudir à ses actions, ou de prévenir ses désirs ; mais dans l'art plus difficile d'écarter du roi les soins, les soucis, les inquiétudes du gouvernement. Elle se faisait premier ministre, et ne justifiait déjà que trop bien, pour sa part, le mot de Frédéric de Prusse, qui appelait plaisamment le règne de Louis XV *le règne des trois Co-tillons*. Mme de Pompadour était Cotillon II, comme Mme de Châteauroux avait été Cotillon Ier, et comme plus tard Mme Du Barry fut Cotillon III.

J'avais indiqué dans mon mémoire le lieu de ma retraite ; on vint m'y trouver, et on me reconduisit à la Bastille. A la vérité, dans le premier moment on me dit que l'on ne m'arrêtait que pour savoir de quelle manière je m'étais sauvé du château de Vincennes, attendu qu'il était d'une extrême importance d'ôter aux autres prisonniers les moyens de m'imiter, ou de s'assurer de la fidélité des gardiens, s'ils avaient facilité mon évasion.

Je racontai ingénument de quelle manière je m'étais procuré ma délivrance. Loin de me rendre la liberté, dès que j'eus satisfait à la condition à laquelle elle était attachée, on me jeta dans un cachot, et on me fit éprouver des traitemens affreux, que jusque-là je n'avais pas encore connus.

Mon ancien consolateur, M. Berryer, vint de nouveau adoucir mes peines et mes angoisses; il ordonna que ma nourriture fût la même qu'auparavant, qu'on me fournît des livres, des plumes, de l'encre et du papier.

Long-tems j'usai de cette ressource, si propre à

suspendre mes profonds ennuis ; mais au bout de six mois elle devint insuffisante contre le désespoir qui s'empara de mon ame. L'indignation que j'éprouvai m'inspira les quatre vers suivans :

Sans esprit et sans agrémens,
Sans être ni belle ni neuve,
En France on peut avoir le premier des amans,
La Pompadour en est la preuve.

J'eus encore l'imprudence d'écrire sur la marge des livres qu'on me prêtait une foule d'anecdotes relatives à Mme de Pompadour. Dans l'une d'elle où je lui supposai l'intention de se faire remplacer par sa fille dans le poste honteux qu'elle occupait, je disais : La France est menacée d'une prostitution héréditaire : à la fille du boucher Poisson, attaquée d'une maladie dégoûtante qui lui interdit les principales fonctions de sa place, succédera, grâce à la prévoyance de sa mère, Mlle Alexandrine d'Etioles. La prudente marquise poursuit son but avec une rare persévérance. Ou je me trompe fort, ou cette charmante fille sera devenue sous peu *un second morceau de roi*. Si l'événement justifie ma prévision, chacun de nous s'écriera :

J'ai vu sous l'habit d'une femme,
Un démon nous donner la loi,
Sacrifier sa fille, sa religion, son ame,
Pour séduire l'esprit d'un trop crédule roi.

Par reconnaissance pour sa galante mère, Mlle d'Etioles lui fera cette épitaphe :

Cit gît qui fut quinze ans pucelle,
Vingt ans c..... puis cinq ans m........

J'aurais dû dire *sept ans macr....* mais je ne lui supposais que quarante ans d'existence ; elle en a eu quarante-deux ! Elle mourut le 25 avril 1764, léguant sans doute à quelqu'un, par testament, sa haine héréditaire. Mais n'anticipons pas sur les faits.

J'étais loin de croire qu'on trouverait ces vers ; j'avais assez contrefait mon écriture, pour qu'à l'avenir on ne pût découvrir quelle était la main qui l'avait tracée. J'ignorais qu'un des ordres les plus impérieux et les mieux exécutés à la Bastille était de feuilleter avec la plus scrupuleuse exactitude tous les livres qui sortaient des mains d'un prisonnier : mon porte-clefs, en faisant la visite de celui sur lequel était écrit ce qu'on vient de lire, fut le montrer au gouvernenr. Sans doute cet homme, nommé Jean Lebel, pouvait facilement supprimer toutes les traces de ces plaisanteries, et plaindre un malheureux, assez aigri par ses maux, pour ne pas sentir à quoi l'exposaient de pareilles imprudences : le moindre mouvement d'humanité devait l'y porter sans doute ; mais comment attendre ce sentiment d'un gouverneur de la Bastille, d'un être qui, par état, complice de toutes les atrocités qui s'y commettaient, doit nécessairement, par caractère, être insensible et peut-être féroce? Car quel est l'homme honnête et généreux qui pourrait consentir à repaître ses yeux toute sa vie du spectacle affreux de l'infortune?

Jean Lebel, digne sous tous les rapports de son emploi, fut chercher près de Mme de Pompadour, en lui portant ce livre, la récompense de son zèle et de sa fidélité ; sans doute aussi il n'était pas fâché de s'assurer qu'il jouirait plus long-tems de ma détention ; c'était le moindre calcul que se permissent tous ses collègues : intéressés à voir augmenter le nombre de leurs prisonniers, ils n'avaient que la ressource de retenir ceux qu'on leur confiait, et ils n'usaient que trop des facilités qu'ils avaient d'y parvenir.

D'après ce qu'on a vu du caractère de la marquise de Pompadour, qu'on juge de sa fureur à la vue de cette insolence! Quoi! dans les fers, accablé de sa haine et de sa vengeance, j'osais encore la braver et l'insulter : elle mande M. Berryer, lui montre mes écrits satiriques, et, en bégayant de rage, elle lui dit : *Connaissez votre protégé? osez encore solliciter ma clémence?*

Cet événement ne diminua rien à l'horreur de ma situation ; mais comme il était difficile qu'elle augmentât, cela ne servit qu'à la prolonger. Je restai dix-huit mois au cachot : ce ne fut qu'au bout de ce terme que M. Berryer crut pouvoir prendre sur lui de m'en faire sortir pour me placer dans une chambre. Il m'offrit aussi de me procurer ce qu'on peut appeler, dans cette prison, une consolation bien douce, l'avantage d'avoir un domestique.

Je profitai de l'offre généreuse de M. Berryer. Mon malheureux père, qui gémissait de l'infortune de son fils chéri, aurait sacrifié tout pour la faire cesser ; il consentit avec joie à payer les gages et la pension d'un domestique. On me donna un nommé Cochar, natif de Rosni. Cet homme avait toutes les bonnes qualités qu'on pouvait désirer ; il était doux, sensible, et gémissait avec moi des maux qu'il me voyait éprouver ; il les partageait, et les rendait moins douloureux. Je crus sentir un moment que mon cœur, moins oppressé, pourrait à la fin abuser mon imagination, et que je finirais, au moyen de ce secours, par être moins malheureux. Mais cet excellent serviteur ne soutint pas long-temps l'ennui de l'éternelle captivité à laquelle il s'était condamné (1) ; il était père, il avait une femme et plusieurs enfans qu'on ne lui permettait pas de voir ; il pleurait, il gémissait, et finit par tomber malade. L'infortuné Cochar n'avait besoin que de res-

____

(1) Quand un domestique entrait au service d'un prisonnier à la Bastille, il s'attachait à sa destinée, ne pouvait obtenir son élargissement qu'avec lui, ou mourait à ses côtés dans la prison.

pirer un air libre pour être rendu à la vie ; et mes prières, les siennes, nos gémissemens ne purent obtenir son salut de nos bourreaux. Il fallut que je fusse témoin de l'agonie de ce malheureux, expirant près de moi et pour moi : on ne l'ôta de ma chambre qu'à l'instant où il allait rendre le dernier soupir.

Fatigué du poids accablant de la haine, j'éprouvais, à chaque aspiration de ma poitrine, un supplice nouveau ; ma sensibilité s'altérait, mon sang s'aigrissait dans mes veines, et je sentais chaque jour mon existence s'anéantir. Cet homme, cependant, n'a pu supporter trois mois de cette situation, et je l'ai dévorée pendant trente-cinq ans : que dis-je, cette situation ? eh ! ces mêmes trois mois ont été les plus tranquilles de ceux que j'ai passés dans ma prison. Alors, au moins, je n'étais pas enchaîné dans un cachot, étendu sur une paille infecte et pourrie ; alors je n'étais pas réduit à disputer aux animaux une nourriture dégoûtante ; alors mon corps n'était pas la pâture des insectes qui l'ont rongé depuis...

M. Berryer employa, pour me distraire, la ressource dont il avait déjà usé ; il me donna pour compagnon un jeune homme, de mon âge à peu près, plein d'activité, d'esprit et de feu ; coupable du même crime que moi, et victime de la même persécution. Il avait écrit à la marquise de Pompadour ; dans sa lettre il lui parlait de l'opinion publique, lui traçait la marche qu'elle devait suivre pour la reconquérir, l'invitait à mériter l'estime de la nation, et lui en indiquait les moyens.

Ce jeune homme, nommé d'Alègre, natif du Varroux, près de Carpentras, déplorait depuis trois ans à la Bastille l'imprudence d'avoir donné des conseils à la maîtresse de Louis XV, accoutumée aux adulations des courtisans. Cette orgueilleuse prostituée lui avait voué une haine aussi implacable qu'à moi, et lui en faisait ressentir les mêmes effets.

L'infortuné d'Alègre avait aussi inspiré un tendre intérêt au compatissant Berryer ; nous lui montrions tous deux la même impatience, nous l'accablions de lettres, de placets, sans jamais le lasser ; il nous instruisait de ses démarches, de ses efforts, et quelquefois de ses espérances : enfin un jour il vint nous donner l'affreuse nouvelle que notre persécutrice, fatiguée de nos plaintes et des siennes, avait juré que sa vengeance serait éternelle, et avait défendu qu'on lui parlât de nous davantage : il ne nous dissimula pas lui-même que la disgrâce ou la mort de cette furie pouvaient seules mettre un terme à nos maux.

Mon compagnon se laissa abattre par la douleur, tandis que moi je conservai le courage et l'énergie d'une ame forte. Je cherchai les moyens de m'évader de nouveau. Il ne devait rester à des jeunes gens accablés par le désespoir que deux partis : *mourir* ou *se sauver.*

Pour tout homme qui a eu la plus légère idée de la situation de la Bastille, de son enceinte, de ses tours, de son régime, et des précautions incroyables que le despotisme avait multipliées pour y enchaîner plus sûrement ses victimes, le projet, l'idée seule de s'en échapper ne peut paraître que le fruit du délire, et semble n'inspirer que la pitié pour le malheureux assez dénué de sens pour oser le concevoir. J'étais cependant maître de mes esprits en m'y arrêtant, et l'on va juger qu'il fallait une ame peu commune, et peut-être une tête forte pour concevoir, méditer et exécuter un semblable projet.

Il ne fallait pas penser une minute à s'enfuir de la Bastille par les portes, toutes les impossibilités physiques se réunissaient pour rendre cette voie impraticable : il ne restait qu'à tenter de parvenir au haut des tours. Nous avions bien dans notre chambre une cheminée dont le tuyau aboutissait à l'extrémité de notre tour ; mais, comme toutes celles de la Bastille, elle était dans toute sa longueur garnie de grilles, de barreaux, qui, en plusieurs endroits, laissaient à peine un passage libre à la fumée. Fussions-nous arrivés au sommet de cette tour, nous avions sous les pas un abîme de près de deux cents pieds de profondeur ; au bas un fossé dominé par un mur très-élevé, qu'il fallait encore franchir :

nous étions seuls, sans outils, sans matériaux, épiés à chaque instant du jour et de la nuit ; surveillés par une multitude de sentinelles qui entouraient le gothique édifice et semblaient l'investir.

Tant d'obstacles, tant de dangers ne me rebutèrent pas ; je voulus communiquer mon idée à mon camarade, il me regarda comme un insensé, et retomba dans son engourdissement. Il fallut donc m'occuper seul de ce dessein, le méditer, prévoir la foule épouvantable d'inconvéniens qui s'opposaient à son exécution, et trouver les moyens de les lever tous. Pour y parvenir, il fallait grimper au haut de la cheminée, malgré les grilles de fer multipliées qui nous en empêchaient ; il fallait, pour descendre du haut de la tour dans le fossé, une échelle de quatre-vingts pieds au moins ; une seconde, nécessairement de bois, pour en sortir ; il fallait encore, dans le cas où je me procurerais des matériaux, les dérober à tous les regards : travailler sans bruit, tromper la foule des surveillans pendant plusieurs mois entiers, les empêcher de voir et d'entendre. Que sais-je ! il fallait prévoir et arrêter la foule d'obstacles qui devaient tous les jours, et à chaque instant du jour, se succéder, naître les uns des autres ; arrêter et traverser l'exécution de ce plan, un des plus hardis peut-être que jamais l'imagination ait pu concevoir, et l'industrie humaine conduire à sa fin. Entrons dans le détail de toutes mes opérations.

Le premier objet dont il fallait s'occuper, était de découvrir un lieu où nous puissions soustraire à tous les regards nos outils et nos matériaux, dans le cas où nous serions assez adroits pour nous en procurer. A force de rêver, je m'arrêtai à une idée qui me parut fort heureuse. J'avais habité diverses chambres à la Bastille; et toutes les fois que celles qui se trouvaient au-dessus et au-dessous de moi étaient occupées, j'avais parfaitement distingué le bruit que l'on faisait dans l'une et dans l'autre: pour cette fois j'entendais tous les mouvemens du prisonnier qui était au-dessus, et rien du tout de celui qui était au dessous; j'étais sûr cependant qu'il y en avait un. A force de calculs, je crus entrevoir qu'il pourrait bien y avoir un double plancher, séparé peut-être par quelque intervalle. Voici le moyen dont j'usai pour m'en convaincre.

Il y avait à la Bastille une chapelle où tous les jours on disait une messe, et le dimanche trois. Dans cette chapelle étaient situés quatre petits cabinets, disposés de manière que le prêtre ne pouvait jamais voir aucun prisonnier, et ceux-ci, à leur tour, au moyen d'un rideau qu'on n'ouvrait qu'à l'élévation, ne voyaient jamais le prêtre en face. La permission d'assister à la messe était une faveur spéciale que l'on n'accordait que très-difficilement. M. Berryer nous en faisait jouir, ainsi que le prisonnier qui occupait la chambre du n° 3, c'est-à-dire celle au-dessous de la nôtre.

Je résolus de profiter, au sortir de la messe, d'un moment où celui-ci ne serait pas encore renfermé pour jeter un coup-d'œil sur sa chambre. J'indiquai à d'Alègre un moyen de me faciliter cette visite; je lui dis de mettre son étui dans son mouchoir, et, quand nous serions au second étage , de tirer son mouchoir , de manière à faire tomber l'étui le long des degrés, et de dire au porte-clefs d'aller le ramasser. Cet homme se nommait *Daragon*. Tout ce petit manége se pratiqua à merveille. Pendant que Daragon courait après l'étui , je monte vite au n° 3, je tire le verrou de la porte , je regarde la hauteur du plancher, je remarque qu'il n'avait pas plus de dix pieds et demi de hauteur ; je referme la porte , et de cette chambre à la nôtre je compte trente-deux degrés ; je mesure la hauteur de l'un d'eux , et par le résultat de mon calcul , je trouve qu'il y avait entre le plancher de notre chambre et le plafond de celle au-dessous un intervalle de cinq pieds et demi. Il ne pouvait être comblé ni par des pierres, ni par du bois, le poids aurait été énorme. J'en conclus qu'il devait y avoir un tambour, c'est-à-dire un vide de quatre pieds entre les deux plan-chers.

On nous renferme, on tire les verrous ; je saute au cou de d'Alègre ; ivre de confiance et d'espoir, je l'embrasse avec transport. Mon ami, lui dis-je, de la patience et du courage ; nous sommes sauvés. Je lui fais part de mes calculs et de mes observations. Nous pouvons cacher nos cordes et nos matériaux ; c'est tout ce qu'il me fallait, continuai-je, nous sommes sauvés. Quoi ! me dit-il, vous n'avez donc pas encore abandonné vos rêveries ? Des cordes, des matériaux, où sont-ils, où nous en procurerons-nous ? — Des cordes ! nous en avons plus qu'il ne nous en faut ; cette malle , qu'on m'a laissée par un bonheur singulier ; en contient plus de mille pieds. Je lui parlais avec feu, plein de mon idée, du transport que me donnaient mes nouvelles espérances ; je lui paraissais inspiré. Il me regarde fixement, et , avec le ton du plus touchant et du plus tendre intérêt, il me dit : Mon ami, rappelez vos sens, tâchez de calmer le délire qui vous agite. Votre malle, dites-vous , renferme plus de mille pieds de corde ; je sais comme vous ce qu'elle contient ; il n'y en a pas un seul pouce. —Eh quoi ! n'ai-je pas une grande quantité de linge, douze douzaines de chemises, beaucoup de serviettes , de bas de soie, de mouchoirs, de caleçons (1)? Ne pour-

(1) Bien des gens ne concevront pas qu'on puisse avoir une si prodigieuse quantité de linge ; ils en concluront que je ne me la donne aujourd'hui que parce qu'elle est nécessaire au dénouement de mon entreprise. Mais je dois prévenir que mes parens , en m'éloignant d'eux, me destinaient à une longue absence; or, on concevra facilement que ce que j'ai

ront-ils pas nous en fournir ? nous les éfilerons, et nous en aurons des cordes.

D'Alègre, frappé comme d'un coup de foudre, saisit sur-le-champ l'ensemble de mon plan et de mes idées ; l'espérance et l'amour de la liberté ne meurent jamais dans le cœur de l'homme, et ils n'étaient qu'engourdis dans le sien. Bientôt je l'échauffai, je l'embrasai du même feu. Mais il n'était pas encore si avancé que moi ; il fallut combattre la foule de ses objections et guérir toutes ses craintes. Avec quoi, me disait-il, arracherons-nous toutes ces grilles de fer qui garnissent notre cheminée? où prendrons-nous des matériaux pour l'échelle de bois qui nous sera nécessaire? où prendrons-nous des outils pour faire toutes ces opérations? Nous ne possédons pas l'art heureux de créer. Mon ami, lui dis-je, c'est le génie qui crée, et nous avons celui que donne le désespoir ; il dirigera nos mains, et nous serons sauvés.

Nous avions une table pliante, soutenue par deux fiches de fer : nous les détachâmes, leur fîmes un taillant en les repassant sur un carreau du plancher ; d'un briquet nous fabriquâmes, en moins de deux heures, un bon canif avec lequel nous fîmes deux manches à ces fiches, dont le principal usage de-

avancé est vrai, surtout quand j'aurai ajouté que j'en avais acheté beaucoup, à très-bas prix, au pillage de la ville de Berg-op-Zoom.

vait être d'arracher toutes les grilles de fer de la cheminée.

Le soir, après que toutes les visites de la journée furent faites, nous levâmes, au moyen de nos fiches, un carreau du plancher, et nous nous mîmes à creuser de telle sorte, qu'en moins de six heures de tems nous l'eûmes percé ; nous vîmes alors que toutes mes conjectures étaient fondées, et nous trouvâmes entre les deux planchers un vide de quatre pieds. Nous remîmes le carreau, qui ne paraissait pas avoir été levé.

Ces premières opérations faites, nous décousîmes deux chemises et leurs ourlets, et nous en tirâmes les fils l'un après l'autre : nous les nouâmes tous bout à bout, et nous en fîmes un certain nombre de pelotons que nous réunîmes ensuite en deux grosses pelotes ; chacune avait cinquante filets de soixante pieds de longueur ; nous les tressâmes, ce qui nous donna une corde de cinquante-cinq pieds de long environ, avec laquelle nous fîmes une échelle de vingt pieds, qui devait nous soutenir en l'air pendant que nous arracherions dans la cheminée toutes les barres et les pointes de fer dont elle était garnie.

Cette besogne fut la plus pénible et la plus embarrassante ; elle nous demanda six mois d'un travail dont l'idée fait frémir. Nous ne pouvions nous y livrer qu'en pliant le corps et en le torturant par les postures les plus gênantes ; nous ne pouvions résister plus d'une heure à cette situation, et nous ne descendions jamais, pour nous reposer un instant, qu'avec les mains ensanglantées. Ces barres de fer étaient clouées dans un ciment extrêmement dur, que nous ne pouvions amollir qu'en soufflant de l'eau avec la bouche dans les trous que nous pratiquions.

Qu'on juge de tout ce que ce travail avait de pénible, en apprenant que nous étions satisfaits quand, dans une nuit entière, nous avions enlevé l'épaisseur d'une ligne de ce ciment. A mesure que nous arrachions une barre de fer, il fallait la replacer dans son trou pour que, dans les fréquentes visites, on ne s'aperçût de rien, et de manière à pouvoir les enlever toutes au moment où nous serions dans le cas de sortir.

Après six mois de ce travail opiniâtre et douloureux, nous nous occupâmes de l'échelle de bois qui nous était nécessaire pour monter du fossé sur le parapet, et de ce parapet dans le jardin du gouverneur. Il fallait qu'elle eût vingt-cinq pieds de longueur. Nous y consacrâmes le bois qu'on nous donnait pour nous chauffer, consistant en cinq petites bûches de dix-huit à vingt pouces. Il nous fallait aussi des moufles et beaucoup d'autres choses pour lesquelles il était indispensable de nous procurer une scie ; j'en fis une avec un chandelier de fer, au moyen de la seconde partie du briquet dont j'avais transformé la première en canif ou petit couteau.

Avec ce morceau de briquet, cette scie et les fiches, nous dégrossissions nos bûches ; nous y pratiquions des charnières et des tenons pour les emboîter les unes dans les autres, ainsi que deux trous à chaque charnière et à son tenon, pour y placer un échelon et deux chevilles afin de l'empêcher de vaciller. Nous ne fîmes à cette échelle qu'un bras , et y mîmes vingt échelons, de quinze pouces chacun. Le bras avait trois pouces de diamètre ; par conséquent, chaque échelon excédait ce bras de six pouces de chaque côté. Aux diverses parties de cette échelle, nous avions attaché l'échelon correspondant à sa cheville avec une ficelle, de manière à pouvoir la monter facilement pendant la nuit. A mesure que nous avions achevé et perfectionné un de ces objets, nous le cachions entre les deux planchers.

C'est avec ces outils que nous garnîmes notre atelier ; nous nous procurâmes compas, équerre, règle, dévidoir, moufles , échelons, etc., etc., tout cela, comme on le conçoit, toujours soigneusement caché dans notre magasin.

Il y avait un danger qu'il avait fallu prévoir , et auquel nous ne pouvions nous soustraire qu'avec les précautions les plus attentives. Indépendamment des visites très-fréquentes que faisaient les porte-clefs et divers officiers de la Bastille au moment où on s'y attendait le moins, un des usages du lieu était d'épier les actions et les discours des prisonniers. Nous pouvions nous soustraire aux regards, en ne faisant que la nuit nos principaux ouvrages, et en évitant avec soin d'en laisser apercevoir les moindres traces ; car un copeau, le moindre débris pouvaient nous trahir ; mais il fallait tromper aussi les oreilles de nos espions.

Nous nous entretenions nécessairement sans cesse de notre étonnant travail ; il fallait donc éviter de donner des soupçons, ou les détourner au moins, en confondant toutes les idées de ceux qui nous auraient entendus. Nous nous fîmes un dictionnaire particulier, en donnant un nom à tous les objets dont nous nous servions. Nous appelions la scie *faune*, le dévidoir *Anubis*, les fiches *Tubalcain*, du nom du premier homme qui trouva l'art de se servir du fer ; le trou que nous avions fait à notre plancher pour cacher nos matériaux dans le tambour, *Polyphème*, par allusion à l'antre de ce fameux cyclope ; l'échelle de bois, *Jacob*, ce qui rappelait l'idée de celle dont l'Écriture-Sainte fait mention ; les échelons , *rejetons* ; nos cordes, des *colombes*, à cause de leur blancheur ; un peloton de fil, *le petit frère* ; le canif, le *toutou*, etc. Si quelqu'un entrait dans notre chambre, et que l'un des deux aperçût quelque chose qui ne fût pas serré, il en prononçait le nom, *faune, Anubis, Jacob,* etc., l'autre jetait

dessus son mouchoir ou une serviette, et faisait dis-
paraître cet objet.

Nous étions sans cesse sur nos gardes, et nous
fûmes assez heureux pour tromper la surveillance
de tous nos argus.

Les premières opérations, dont j'ai parlé plus
haut, étant achevées, nous nous occupâmes de la
grande échelle; elle devait avoir au moins cent
quatre-vingts pieds de longueur. Nous nous mîmes
à effiler tout notre linge; chemises, serviettes, bas,
caleçons, mouchoirs, tout ce qui pouvait nous
fournir un tortis de fil ou de soie. A mesure que
nous avions fait un peloton, nous le cachions dans
Polyphème; et lorsque nous en eûmes une quantité
suffisante, nous employâmes une nuit entière à
tresser cette corde; je défierais le cordier le plus
adroit d'en fabriquer une avec plus d'art.

Autour de la Bastille, à la partie supérieure,
était un rebord saillant de trois ou quatre pieds; ce
qui nécessairement devait faire flotter et vaciller
cette grande échelle pendant que nous descendrions
du haut de la tour; c'était plus qu'il n'en eût fallu
pour troubler la tête la mieux organisée. Pour ob-
vier à cet inconvénient, et prévenir qu'un de nous
ne tombât et ne s'écrasât dans la chute, nous fîmes
une seconde corde d'environ trois cent soixante
pieds de longueur. Cette corde devait être passée
dans une moufle, c'est-à-dire, une espèce de poulie

sans roue, pour éviter qu'elle ne s'engrenât entre la roue et les côtés de la poulie, et que celui qui descendrait ne se trouvât suspendu en l'air sans pouvoir descendre davantage. Après avoir tressé ces deux cordes, nous en fîmes plusieurs autres de moindre longueur, pour attacher notre échelle à l'affut d'un canon, et pour d'autres besoins imprévus.

Quand toutes ces cordes furent achevées, nous les mesurâmes; il y en avait quatorze cent pieds; ensuite nous fîmes deux cent huit échelons, tant pour l'échelle de corde que pour celle de bois. Un autre inconvénient qu'il fallait prévoir, était le bruit que causerait le frottement des échelons sur la muraille, au moment où nous descendrions. Nous leur fîmes à tous un fourreau avec les doublures de nos robes de chambre, de nos vêtemens et gilets.

Nous employâmes dix-huit mois entiers d'un travail continuel pour tous ces préparatifs; mais ce n'était pas tout encore : nous avions bien pourvu aux moyens d'arriver au haut de la tour et de descendre dans le fossé; pour en sortir, il nous restait encore à franchir bien des obstacles. Deux moyens se présentèrent : l'un, de monter sur le parapet, de ce parapet dans le jardin du gouverneur, et de là descendre dans le fossé de la porte Saint-Antoine; mais ce parapet, indispensable à traverser, était toujours garni de sentinelles. Nous pouvions choisir une nuit très-obscure et pluvieuse ; alors les senti-nelles ne se promènent pas , et nous serions parve-nus à leur échapper ; mais il pouvait pleuvoir à l'instant où nous monterions dans la cheminée , et le tems devenir calme et serein au moment où nous arriverions sur le parapet ; d'ailleurs, nous pouvions nous rencontrer avec les rondes-major qui, à chaque instant , ne manquent pas de les parcourir et de les visiter ; il nous eût été impossible alors de nous cacher , à cause des lumières qu'elles portent tou-jours. et nous étions perdus à jamais.

L'autre moyen augmentait les difficultés , mais il était moins dangereux ; il consistait à nous faire un passage à travers la muraille qui sépare le fossé de la Bastille de celui de la porte Saint-Antoine ; je ré-fléchis que, dans la multitude des débordemens de la Seine, qui remplissait le fossé , l'eau avait dû dissoudre les sels contenus dans ce mortier et le rendre moins difficile à briser ; que, par ce moyen, je pourrais parvenir avec mon compagnon à percer la muraille. Pour réussir dans cette nouvelle entre-prise, il fallait une virole , afin de faire des trous dans ce mortier pour engrener les pointes de deux barres de fer que nous prendrions dans notre che-minée ; avec ces deux barres nous pouvions arracher des pierres et nous ouvrir un passage. Nous nous décidâmes pour ce dernier parti. Nous fîmes donc une virole avec la fiche d'un de nos lits , à laquelle nous attachâmes un manche en forme de croix.

Le lecteur qui nous a suivis dans le détail de ces intéressantes opérations, partage sans doute tous les sentimens qui nous agitaient; oppressé, comme nous, par la crainte et l'espérance, il hâte l'instant où nous pourrons enfin tenter notre fuite. Nous le fixâmes au mercredi 25 février 1756, veille du jeudi-gras ; alors la rivière était débordée, il y avait quatre pieds d'eau dans le fossé de la Bastille et dans celui de la porte Saint-Antoine , où nous devions pénétrer et chercher notre délivrance. Je remplis un porte-manteau de cuir d'un habille-ment complet pour moi et mon compagnon, afin de pouvoir nous changer, si nous étions assez heureux pour nous mettre en liberté.

A peine nous eut-on servi à dîner, que nous mon-tâmes notre grande échelle de corde, c'est-à-dire que nous y mîmes les échelons, et la cachâmes sous nos lits, afin que le porte-clefs ne pût l'apercevoir dans les visites qu'il devait encore faire pendant la journée ; nous accommodâmes ensuite notre échelle de bois en trois morceaux ; nous mîmes dans un fourreau les barres de fer nécessaires à percer la muraille , pour empêcher qu'elles ne fissent du bruit ; nous nous munîmes d'une bouteille de scu-bac pour nous réchauffer et rétablir nos forces quand nous aurions à travailler dans l'eau jusqu'au

cou pendant plus de neuf heures. Toutes ces précautions prises , nous attendîmes avec impatience
qu'on nous apportât à souper ; cet instant arriva
enfin.

Je montai le premier dans la cheminée. J'avais un
rhumatisme au bras gauche , mais j'écoutai peu
cette douleur ; j'en éprouvai bientôt une autre plus
aiguë : je n'avais employé aucune des précautions
que prennent les ramoneurs ; je faillis être étouffé
par la poussière de la suie ; les ramoneurs garan-
tissent leurs coudes et leurs genoux au moyen de
morceaux de cuir, je n'y avais pas songé, aussi fus-
je écorché jusqu'au vif, le sang ruisselait sur mes
mains et sur mes jambes. C'est dans ce triste état
que j'arrivai au haut de la cheminée : dès que j'y
fus parvenu, je fis couler dans la chambre une pe-
lotte de ficelle dont je m'étais muni ; d'Alègre y attacha le porte-manteau ; je le tirai à moi, je le dé-
liai et le jetai sur la plate-forme de la Bastille ; je
montai de la même manière l'échelle de bois, les
deux barres de fer et tous les autres paquets ; je
finis par l'échelle de corde dont l'une des extrémités aida d'Alègre à monter , pendant que l'autre
était soutenue au moyen d'une grosse cheville pré-
parée exprès, et passée en travers sur le tuyau de
la cheminée ; par ce moyen, mon compagnon évita
de se mettre en sang comme moi. Cette opération

finie, nous descendîmes du haut de cette étroite élévation sur la plate-forme de la Bastille.

Aussitôt que nous y fûmes arrivés, nous disposâmes tout ce qui était nécessaire pour effectuer notre périlleux dessein : nous commençâmes par faire un rouleau de l'échelle de corde, ce qui fit une masse de quatre pieds de diamètre et d'un pied d'épaisseur. Nous la fîmes rouler sur la tour appelée *la tour du Trésor*, qui nous avait paru la plus favorable pour exécuter notre descente ; nous attachâmes un des bouts de l'échelle à une pièce de canon, et nous la fîmes couler doucement le long de la tour ; ensuite nous attachâmes la moufle, et y passâmes la corde, qui avait trois cents soixante pieds de longueur ; je m'attachai autour du corps un bout de la corde passée dans la moufle, d'Alègre la lâchait à mesure que je descendais ; malgré cette précaution, je voltigeais en l'air à chaque mouvement que je faisais. Qu'on juge de ma situation d'après le frissonnement que cette idée seule fait éprouver.

Enfin j'arrivai dans le fossé sans aucun accident. Sur-le-champ d'Alègre descendit le porte-manteau et tous les autres effets qui furent déposés sur une petite éminence, dominant heureusement l'eau dont le fossé était rempli. Alors d'Alègre suivit mon exemple ; mais il descendit avec moins de difficultés, parce que je tins de toutes mes forces le bout de l'échelle, ce qui l'empêcha de vaciller autant.

Parvenus tous les deux au bas de la forteresse, nous ne pûmes nous empêcher de regretter d'être hors d'état d'emporter avec nous la corde immense et les matériaux dont nous nous étions servis (1)., monumens rares et précieux de l'industrie humaine et des vertus peut-être auxquelles peut conduire l'amour de la liberté.

Il ne pleuvait pas ; nous entendions la sentinelle qui se promenait à quatre toises au plus de nous ; il fallait donc renoncer à monter sur le parapet et à nous sauver par le jardin du gouverneur. Nous prîmes le parti de nous servir de nos barres de fer, et de tenter le second moyen que j'ai indiqué plus haut. Nous allâmes droit à la muraille qui sépare le fossé de la Bastille de celui de la porte Saint-Antoine, et sans relâche nous nous mîmes au travail. Dans cet endroit précisément était un petit fossé d'une toise de largeur et d'un pied et demi de pro-

(1) Le 16 juillet 1789, lendemain du jour de la prise de la Bastille, je m'y suis présenté ; j'y ai retrouvé, avec un plaisir que l'on conçoit sans doute, mon échelle de corde, celle de bois et une grande partie des autres objets dont j'ai parlé ; ils étaient renfermés dans les archives, sous une espèce de trape ; on les avait conservés comme une chose précieuse, et faite pour inspirer une sorte d'étonnement et d'admiration : on y avait joint un procès-verbal, signé le 27 février 1756, par le nommé Chevalier, major de la Bastille, et le commissaire Rochebrune, qui constate tous les faits que j'ai rapportés. J'y ai trouvé aussi des lettres des ministres et d'autres pièces qui me concernent.

Tous ces objets furent portés à l'assemblée de la commune, qui ordonna que le tout me serait rendu, comme une propriété qui m'était acquise à bien des titres. Depuis, ils ont été exposés et ils ont fixé tous les regards.

fondeur, ce qui augmentait la hauteur de l'eau. Partout ailleurs nous n'en aurions eu que jusqu'au milieu du corps ; là, nous en avions jusque sous les aisselles. Il dégelait seulement depuis quelques jours, en sorte que l'eau était pleine de glaçons ; nous y restâmes pendant neuf heures entières, le corps épuisé par un travail excessivement difficile, et les membres engourdis par le froid.

A peine avions-nous commencé à ébranler les pierres, que je vis venir, à douze pieds au-dessus de nos têtes, une ronde-major, dont le fallot éclairait parfaitement le lieu où nous étions ; nous n'eûmes pas d'autre ressource, pour ne point être découverts, que de faire le plongeon. Il fallut répéter cette manœuvre toutes les fois que nous eûmes le même sujet d'alarme, c'est-à-dire à chaque demi-heure : c'était un miracle de n'avoir point été vu déjà. On me pardonnera de raconter un autre événement du même genre, qui, dans le premier moment, me causa une frayeur mortelle, et qui finit par me paraître plaisant.

Une sentinelle, qui se promenait à très-peu de distance de nous sur le parapet, vint jusqu'à l'endroit où nous étions et s'arrêta tout court au-dessus de ma tête : je crus que nous étions découverts, et j'éprouvai un saisissement affreux ; mais bientôt j'entendis qu'elle ne s'était arrêtée que pour lâcher de l'eau, ou plutôt je le sentis, car je n'en perdis pas une goutte sur la tête et sur le visage : dès qu'elle se fut retirée, je fus forcé de jeter mon bonnet et de laver mes cheveux.

Enfin, après neuf heures de travail et d'effroi, après avoir arraché les pierres les unes après les autres, avec une peine difficile à concevoir, nous parvînmes à faire, dans une muraille de quatre pieds et demi d'épaisseur, un trou assez large pour pouvoir y passer l'un après l'autre. Déjà notre ame s'ouvrait à la joie, lorsque nous courûmes un danger que nous n'avions pas prévu, et auquel nous faillîmes succomber. Nous traversions le fossé Saint-Antoine pour gagner le chemin de Bercy : à peine eûmes-nous fait vingt-cinq pas, que nous tombâmes dans l'aqueduc qui est au milieu ; nous eûmes dix pieds d'eau au-dessus de nos têtes, et deux pieds de boue qui nous empêchaient de nous mouvoir et de marcher. D'Alègre se jeta sur moi et faillit me faire tomber ; si ce malheur était arrivé, nous étions perdus : il ne nous restait pas assez de forces pour nous relever, et nous périssions dans ce bourbier. Me sentant saisir, je lui donnai un coup de poing violent qui lui fit lâcher prise, et du même mouvement je m'élançai et parvins à sortir de ce péril imminent. Je saisis d'Alègre par les cheveux et le tirai au bord du précipice, que je cherchai à gagner : bientôt nous fûmes hors du fossé ; et au moment où cinq heures sonnaient, nous nous trouvâmes sur le grand chemin.

Transportés du même sentiment, nous nous précipitâmes dans les bras l'un de l'autre; et après nous être mutuellement félicités, nous nous prosternâmes pour exprimer notre vive reconnaissance au Dieu qui venait visiblement de nous protéger.

Ce premier devoir rempli, nous nous occupâmes du soin de changer de vêtemens; l'humidité avait engourdi nos membres, et nous sentîmes le froid bien plus que nous ne l'avions fait pendant les neuf heures consécutives que nous avions passées dans l'eau et dans la glace; chacun de nous eût été hors d'état de se déshabiller et de s'habiller lui-même; nous fûmes obligés de nous rendre mutuellement ce service. Après quoi, nous nous mîmes dans un fiacre, et nous nous fîmes conduire chez un orfèvre, nommé *Fraissinet*, natif de Béziers, qui m'apprit qu'un sieur Dejean, de Montagnac et notre ami commun, était à Paris avec son épouse : cette nouvelle acheva de me rendre à la vie.

Dejean était fils d'un homme vénéré de tous les habitans protestans du Languedoc, comme leur chef et leur pasteur. Notre ami avait hérité des vertus de son père, et son épouse était digne d'avoir un tel mari. L'un et l'autre craignaient peu de prendre le plus tendre intérêt à deux hommes échappés de la Bastille, échappés surtout à la ven-

geance de la favorite du roi ; seulement ils eurent
la précaution de nous loger chez leur tailleur, qui
demeurait dans l'enclos de l'abbaye Saint-Germain,
où l'on était plus à l'abri des recherches de la
police. Dejean et sa femme venaient tous les jours
nous voir, nous consoler. Chacun d'eux fournissait
aux besoins de leurs protégés et chacun d'eux nous
demandait de taire à l'autre ses bienfaits.

Le tailleur chez lequel je logeais m'apprit que,
depuis plus d'un an, la marquise de Pompadour
était dans une tristesse profonde ; qu'Alexandrine,
cette fille chérie qu'elle destinait au trône du boudoir, était morte des suites d'une maladie de poitrine.
« Il paraît, répondis-je en apprenant cette nouvelle,
que les illustres par convention ont aussi leur vie
domestique semée, comme les nôtres, de contra-
riétés et d'infirmités morales et physiques. » Voici
l'épitaphe qu'on fit à la jeune personne :

Cit gît Jeanne Alexandrine, fille de messire
Joseph Le Normand et de Jeanne Poisson,
Marquise de Pompadour, dame
De Crécy, etc., etc., etc.

Ainsi s'évanouirent, en 1754, les projets à la fois
criminels et ambitieux que l'infirme et dégoûtante
favorite avait formés pour l'établissement galant de
sa fille.

J'appris aussi qu'elle avait eu le bonheur de

perdre le sieur Poisson, son père. Cette seconde mort qui, suivant les sentimens de la nature, aurait dû augmenter ses chagrins, était venue, au contraire, calmer sa douleur et la débarrasser du fardeau le plus insupportable. Poisson qui, comme on sait, avait été obligé de voyager par le conseil de la justice, n'avait pas reçu la moindre éducation ; sa grossièreté était extrême ; sans mœurs, sans décence, sans aucune idée du respect humain, ce père malencontreux était pour sa fille une source d'humiliations ; la marquise n'avait osé ni le rapprocher d'elle, parce qu'il n'était pas présentable, ni l'en trop éloigner, de peur d'exciter son humeur irascible. Cependant, dès qu'il avait paru à la cour, sa fille, par précaution, avait prévenu ses désirs, ne lui avait refusé aucune grâce, et lui avait laissé ses entrées libres chez elle. Peu de mois avant sa mort, ce boucher repris de justice s'était présenté à la porte de sa fille ; un valet de chambre, qui ne le connaissait pas, et qui ne pouvait se persuader qu'un homme porteur d'un accoutrement mal-propre et grotesque dût entrer chez la maîtresse de Sa Majesté, lui avait refusé la porte : *Maraud*, s'était écrié le sieur Poisson, *apprends que je suis le père de la p..... du roi!*

Frustrée de l'espérance de se voir remplacée par sa fille, Mme de Pompadour, incapable désormais d'enivrer les sens de son illustre amant par ses charmes, était, au milieu de son deuil, obligée de redoubler d'efforts pour captiver l'esprit du prince, pour le subjuguer et se rendre indispensable. L'adulation, ce moyen infaillible auprès de tous les hommes, était un de ceux qu'elle mettait alors en usage. La mauvaise humeur du monarque s'accroissait avec les années. Chaque jour, il fallait à la marquise plus de talent pour dominer cette imagination triste et languissante. Il fallait aussi qu'elle écartât sans cesse des petits soupers du roi une foule de jeunes femmes faisant sur ce prince voluptueux une vive impression. Ces beautés privilégiées conservaient plus que jamais un secret désir de supplanter la favorite dans le cœur du monarque. Quel tourment! et qu'elle achetait cher sa grandeur apparente!

Depuis quatre ans, cette infâme courtisane s'était instituée surintendante des plaisirs de Louis ; elle avait résolu d'attacher ses désirs sur des enfans de douze à quatorze ans, dont l'ambition, l'innocence et l'ingénuité ne pouvaient lui donner aucune inquiétude. Elle faisait continuellement recruter dans le royaume des jeunes personnes neuves et inconnues, propres à renouveler le sérail qu'elle gouvernait à son gré, c'est-à-dire le *Parc-aux-Cerfs*, gouffre de l'innocence où venait s'engloutir la foule des victimes qui, rendues bientôt à la société, y apportaient la corruption et tous les vices dont ces jeune créatures s'infectaient dans le commerce des infâmes agens d'un pareil lieu.

Depuis l'exécrable institution du *Parc-aux-Cerfs*, Louis XV nommait celle qu'il ne regardait plus que comme *son amie*, dame du palais de la reine , et chaque année , il lui donnait une terre ; de sorte qu'à l'époque de mon évasion de la Bastille , elle avait déjà La Celle, Crécy, Aulnay, Saint-Remy, Brimborion, Bellevue. Elle possédait en outre les plus beaux hôtels à Paris , à Versailles , à Compiègne et à Fontainebleau. Son revenu était d'un million cinq cent mille francs par mois, sans compter les *acquits au comptant*, qui n'avaient besoin pour être payés que de la signature du roi, sans qu'on déclarât le genre de service. Quand il en eut signé *un*, il lui en fallut signer *vingt mille*. Je ne parle pas d'une jolie propriété qu'on appelait l'*Ermitage*, et qu'on a connue depuis sous la dénomination si scandaleusement célèbre de *Parc-aux-Cerfs*. Cette maison, située dans le parc de Versailles, avait au dehors toutes les apparences d'une simple ferme, mais l'intérieur révélait sa destination ; le tout y était d'un luxe recherché, d'un goût exquis, analogue aux plaisirs d'un monarque voluptueux ; les peintures semblaient destinées à réveiller dans l'ame la plus froide tout le feu du désir ; les jardins se composaient d'allées tortueuses , de bosquets favorables aux jouissances de l'amour. L'*amie* du roi,

la surintendante de ce délicieux séjour aimait à sur-
prendre son amant dans ce jardin ; elle se présentait toujours à lui sous un déguisement nouveau ,
en bergère, en jardinière, en sœur grise, en lai-
tière, en abbesse, etc. ; elle employait sans cesse son
activité à distraire un roi blasé.

Mon ami Dejean, qui nous tenait cachés depuis
vingt-six jours , avait une fille âgée de treize ans.
Il craignait pour cette jeune personne qu'il soup-
çonnait avoir déjà excité la curiosité de quelques
pourvoyeurs de l'*Ermitage*. Elle fut conduite chez
le tailleur où nous logions ; son âge, la régularité
de ses traits, la fraîcheur de son teint , l'élégance
de sa taille , tout nous fit présumer qu'elle pouvait
bien être convoitée par les agens secrets de la surintendante du Parc-aux-Cerfs.

Nos craintes ayant redoublé, nous décidâmes que
nous ne resterions pas plus long-tems cachés sous
la garde de l'amitié et de la bienfaisance. Nous for-
mâmes donc le projet de nous expatrier.

Mme Dejean nous conseilla de ne pas partir tous
deux ensemble , afin que si l'un était arrêté,
l'autre ne fût pas enveloppé dans le même malheur.

D'Alègre partit le premier, déguisé en paysan,
et se rendit à Bruxelles, où il arriva sans accident :
il m'en informa de la manière dont nous étions con-
venu ; alors je me mis en route pour aller le rejoindre. Je pris l'extrait de baptême de mon hôte,

qui était à peu près de mon âge ; je me munis des mémoires imprimés et des pièces d'un vieux procès, pour pouvoir alléguer un prétexte plausible dans le cas où j'aurais à rendre compte des motifs de mon voyage. Je m'habille en domestique, et

Tandis que Louis dort dans le sein de la honte,

je sors de Paris, et vais attendre à quelques lieues la diligence de Valenciennes, où je trouve une place. Plusieurs fois je fus fouillé, interrogé par des cavaliers de maréchaussée ; je dis que j'allais à Amsterdam , porter au frère du maître dont j'avais emprunté le nom, les pièces d'un procès qui intéressait toute une famille ; je montrai les vieux Mémoires dont je m'étais muni, et j'échappai à la surveillance de tous ceux qui étaient chargés de m'arrêter.

A Cambrai, le brigadier qui m'interrogeait, ayant désiré connaître le lieu de ma naissance, je lui dis que j'étais de Digne en Provence, lieu indiqué dans l'extrait de baptême que je m'étais procuré. J'y suis resté dix ans, me dit-il. Je vis bien qu'il allait entamer à ce sujet une conversation dont les suites pourraient me devenir funestes ; je conservai toute ma présence d'esprit, et, pour détourner ses soupçons, je le prévins moi-même par quelques questions relatives aux agrémens dont on jouit dans ce pays, et à la gaîté presque constante de tous ses habitans.

Cependant je ne pus échapper au danger que je redoutais; mon prétendu compatriote me parla de quelques personnes fort remarquables du lieu, et dont il était difficile de n'avoir pas eu connaissance. Mon embarras retraça à mon esprit la fable du dauphin, sur le dos duquel un singe avait cherché un asile, au moment d'un naufrage. L'animal marin demanda à l'autre s'il connaissait le Pirée; celui-ci répondit avec effronterie que le Pirée était un de ses meilleurs amis : à ce mot le dauphin leva la tête, et voyant qu'il ne portait qu'un singe, il le jeta à la mer. Je profitai de cette leçon ; et sans rien répondre de positif, je parus chercher dans ma mémoire les noms des personnes dont mon interrogateur me parlait ; je montrai une grande surprise de ne pas les connaître. Au surplus, lui dis-je, de quel tems me parlez-vous? De dix-huit ans, me répondit-il. Ce mot me mit parfaitement à mon aise : je lui observai qu'alors je n'étais qu'un enfant, et que sans doute depuis long-tems ces personnes étaient mortes.

Cet homme me fit encore d'autres questions ; mais craignant qu'il ne les portât trop loin, je saisis la première occasion qui se présenta de rompre cet entretien, qui commençait à me peser de plus en plus ; et sous prétexte de terminer avec le conducteur quelques affaires, je pris congé du brigadier et lui tirai ma révérence.

Entre Bruxelles et Mons, il y a, sur le grand chemin, un poteau, où sont d'un côté les armes de France, et de l'autre celles d'Autriche; c'est la limite des états. J'étais à pied quand nous y passâmes; je ne pus résister au mouvement qui me précipita sur cette terre, que je baisai avec transport. Je pouvais enfin ou je croyais du moins pouvoir respirer en paix. Mes compagnons de voyage, étonnés de cette action, m'en demandèrent la cause : je prétextai qu'à pareil jour, une des années précédentes, j'avais échappé à un grand malheur, et que je ne manquais jamais chaque année d'en exprimer à Dieu toute ma reconnaissance.

J'arrivai enfin à Bruxelles à l'entrée de la nuit. En 1747 j'avais passé un quartier d'hiver dans cette ville; je la connaissais déjà. Je fus descendre au Coffi, place de l'hôtel de ville, où d'Alègre m'avait donné rendez-vous. Je le demandai à l'aubergiste, qui me dit ne pas savoir ce qu'il était devenu, et montra un air embarrassé. Son hésitation m'alarma. Je conçus qu'il était arrivé quelque malheur à mon compagnon; je soupçonnai que la même catastrophe me menaçait. J'affectai néanmoins un air tranquille, et m'éloignant de cet hôte suspect, je me hatai de sortir de la ville, afin de cacher à tous les yeux ma douleur et mon effroi.

Le silence absolu de d'Alègre, l'embarras de l'hôte lorsque je lui en demandai des nouvelles, ses

réponses équivoques ne me firent que trop connaître
que mon compagnon avait été découvert, et que
sans doute je le serais bientôt moi-même. J'arrêtai
aussitôt une place dans la barque d'Anvers, qui par-
tait à neuf heures précises du soir. En attendant le
moment d'embarquer, j'entrai dans un cabaret voisin, où je trouvai un jeune Savoyard avec qui je devais faire la route. Instruit que nous voyagions ensemble, l'habitant des monts de la Savoie, ramoneur de son métier, vint lier conversation avec
moi. J'avais, comme je l'ai dit, un habit de domestique ; il s'imagina que nous pouvions bien marcher
sur la même ligne, et nous fûmes bientôt très-fami-
liers. Le bon Savoyard allait à Amsterdam ; il parlait assez bien hollandais, et m'offrit de me servir
de guide et d'interprète ; j'agréai la proposition.

Nous partîmes. Chemin faisant, je lui demandai
ce qu'il y avait de nouveau dans Bruxelles, où je lui
dis que je n'avais pas eu le tems de m'arrêter ; quel
fut mon étonnement et mon désespoir, lorsque je
lui entendis raconter, comme une chose intéressante, la triste aventure dont je devais être un des
héros ! Quoique je dusse en quelque sorte être pré-
paré à ce coup affreux, il me fit frissonner d'horreur, et je sentis tout mon sang se glacer. Il m'apprit que de deux prisonniers échappés de la Bastille à
Paris, l'un, arrivé à Bruxelles depuis peu de tems,
était allé descendre au Coffi ; qu'après s'être montré

avec des habits de paysan, on l'avait vu tout-à-coup changer de costume, se promener et manger avec des officiers distingués et autres personnes de marque ; qu'un officier de justice, qu'on nomme *laman* dans le pays, ayant reçu ordre de l'arrêter, l'avait conduit dans sa maison, sous prétexte de prendre son nom et ses qualités ; que là, il l'avait enfermé dans une chambre jusqu'au lendemain matin, où il l'avait remis au grand prévôt de Bruxelles ; que celui-ci l'avait conduit, sous bonne et sûre garde, jusqu'aux portes de Lille, où il l'avait remis à un exempt français, qui les suivait depuis Bruxelles. Mon Savoyard ajouta qu'il tenait ces détails du domestique du *laman*, qui était son ami, et qui lui avait demandé le secret, attendu qu'il importait de ne pas ébruiter cet événement, pour qu'on pût se saisir plus aisément du second prisonnier, que l'on guettait également, et qui sans doute ne pourrait pas échapper à toutes les précautions qu'on avait prises pour l'arrêter.

Quels nouveaux troubles j'éprouvais alors ! et comment affecter, vis-à-vis de ce ramoneur, à qui il m'importait de ne rien laisser soupçonner, un visage serein et tranquille, lorsque mon cœur était si cruellement déchiré et mon esprit si troublé ! Ému tour à tour de compassion pour le malheureux d'Alègre, saisi de terreur pour moi-même, j'étais agité d'une foule de réflexions douloureuses.

J'avais été infailliblement soupçonné par l'aubergiste du Coffi, et c'en était assez pour que je dusse craindre d'être arrêté à chaque minute. Notre impitoyable persécutrice ayant eu l'adresse de faire arrêter l'infortuné d'Alègre en pays étranger, il n'était rien qu'elle ne pût entreprendre pour assouvir sa rage, et il était clair que je courais le même danger : il fallait donc changer de route, et tromper les calculs de ceux qui me cherchaient et qui devaient nécessairement croire que je fuyais vers Amsterdam. Il m'importait aussi de détourner les soupçons du Savoyard, si j'avais été assez malheureux pour les faire naître : je lui demandai si la barque de Rotterdam passait par Berg-op-Zoom, il me répondit que non ; je parus étonné, et dis que j'avais à toucher, dans cette dernière ville, le montant d'une lettre de change ; je lui témoignai des regrets de ne pas achever ma route avec lui ; nous nous promîmes bien de nous rejoindre à Amsterdam. Arrivés à Anvers, où la barque s'arrête, je quittai le ramoneur, que je consolai d'une si brusque séparation, en lui donnant quelques provisions de pain, de jambon et d'eau-de-vie que j'avais avec moi. Ma générosité le charma ; et pour me témoigner sa reconnaissance, il voulut, en attendant qu'on s'embarquât, me mettre sur le chemin de Berg-op-Zoom, attention dont je l'aurais volontiers dispensé.

Aussitôt que je l'eus perdu de vue, je changeai

de route, et ne m'arrêtai que lorsque je fus arrivé sur les terres de Hollande. J'étais intimément convaincu qu'à l'arrivée de la barque à Amsterdam, j'aurais trouvé quelqu'exempt de maréchaussée de Bruxelles qui serait venu m'attendre, et qui, sous quelque prétexte, serait parvenu à se saisir de ma personne. Le malheur de d'Alègre était une preuve qu'il n'y avait rien de sacré pour la marquise de Pompadour.

En partant de Paris, j'avais sept louis; il ne m'en restait qu'un seul lorsque j'arrivai à Berg-op-Zoom. Je me logeai dans un grenier à huit sous par nuit, et mon premier soin fut d'écrire à mon père. J'étais fort surpris de n'avoir pas trouvé, à Bruxelles, de ses lettres, que j'attendais ; j'ai su depuis qu'elles avaient été interceptées par l'exempt français qui était chargé de m'y attendre. Je lui fis le tableau de ma situation : son cœur m'était connu, et je ne doutais pas de son empressement à m'envoyer des secours ; je lui annonçais que j'allais partir pour Amsterdam, où je le priais de me les adresser.

Sur le peu d'argent qui me restait, il fallait payer le prix de ma place dans la barque depuis Berg-op-Zoom jusqu'à la capitale de la Hollande ; cette dépense faite, il devait me rester trois livres dix sous : je ne pouvais recevoir des nouvelles de mon père qu'après un tems très-long. Il n'y avait que deux partis à prendre ; il fallait mendier, ou me nourrir d'herbes : le premier parti me révolta, je n'hésitai pas à prendre le second. Mais en m'y déterminant, j'avais plus compté sur mon courage que sur mes facultés physiques. La nécessité me forçait de descendre à la condition des bêtes, mais la nature m'en avait refusé les organes : mon estomac repoussait ces tristes alimens, que je n'arrosais que de larmes amères. J'espérais tempérer la crudité des herbes, et diminuer les douleurs qu'elles me causaient, en les mêlant avec quelques morceaux d'un gros pain de seigle, qu'on nomme dans le pays du *rocken-brod*, et qui est noir et pesant comme de la tourbe ; j'en achetai quatre livres, et telles furent toutes mes provisions en m'embarquant pour Amsterdam.

Je n'avais garde de chercher à me lier avec les voyageurs qui se trouvaient dans la barque ; il était trop humiliant pour moi de leur montrer ma détresse, et je redoutais le mépris des uns et la pitié insultante des autres. Ainsi, dans l'anéantissement, dans l'abandon de tous nos sentimens, l'amour-propre nous reste, et seul il survit à tous les autres ! Cependant je n'avais pu m'empêcher de fixer quelquefois mes regards sur un de mes compagnons ; une figure sévère, un air dur le faisaient remarquer et craindre. Il se nommait Jean Taerchoost, natif d'Amsterdam, où il tenait, dans une cave, une espèce de taverne. Il m'examina avec attention, et parut observer surtout mon frugal repas. Lorsqu'il crut m'avoir bien deviné, il m'aborda ; et avec ce ton qui commence par humilier et qui finit par inspirer la confiance, parce qu'il est l'expression d'un cœur rempli de franchise et de bonté, il me dit en mauvais français : *Vive Dieu! à voir la manière dont vous mangez, vous paraissez avoir plus d'appétit que d'argent*. Je lui avouai avec embarras qu'il ne s'était pas trompé. Le Hollandais garde le silence , mais l'heure du repas étant arrivée, il me mena près d'une table sur laquelle il avait étendu ses provisions : *Point de compliment, monsieur le Français, me dit-il, mettez-vous là, buvez et mangez avec moi.* Je n'étais point en situation de refuser ces offres généreuses; je partageai les provisions de cet homme sensible et tout uni dans ses procédés ; dès ce moment, je m'aperçus que, sous sa grossière enveloppe, cet homme réunissait les plus heureuses qualités ; il faisait le bien sans ostentation , par goût e t presque par instinct. Il semblait quelquefois connaître cet art si délicat de ménager la sensibilité du malheureux qu'on soulage ; mais on voyait qu'il ne le tenait que de la nature. Il me demandait de légers services, pour me distraire de l'idée qu'il m'en rendait lui-même de très-importans. Lui ayant appris que j'étais languedocien; il me dit qu'il connaissait un homme du même pays, qui, sans doute, serait enchanté de m'être utile. Arrivés à Amsterdam , il me fit conduire chez ce compatriote prétendu, nommé Martin, qui se trouva être un Picard, et l'homme le plus dur et le plus égoïste qui se soit jamais rencontré. Son abord annonçait l'effroi que lui inspirait l'idée seule d'être forcé de faire une bonne action; je le rassurai bientôt en prenant congé de lui.

Jean Taerchoost, convaincu que j'allais recevoir de M. Martin les secours les plus abondans, m'attendait pour m'en féliciter; mon abattement et mes larmes lui apprirent combien il s'était trompé.

Je me livrais dans ce moment à toutes les idées accablantes que ma situation m'inspirait. Réduit à fuir ma patrie, seul dans une terre étrangère, éloigné de plus de trois cents lieues de ma famille, sans secours, sans ressources, sans amis, qu'allais-je devenir? Mon généreux Hollandais lut sans peine dans mon ame; il vint à moi, et me prenant les mains, il me dit : Ne pleurez point, je ne vous abandonnerai pas. Je ne suis pas riche; mais j'ai un bon cœur; nous ferons pour le mieux, et vous serez content. Il fut à l'instant parler à sa femme, et tous deux me pratiquèrent une couchette dans le fond d'une grande armoire, au moyen d'un matelas qu'ils tirèrent de leur propre lit.

Cette conduite de mon hôte était d'autant plus généreuse que je devais lui être nécessairement fort à charge; il n'avait d'autre logement qu'une cave partagée en deux par une cloison; dans la première partie , qu'il appelait une chambre, était son lit, une grande table et un comptoir ; la seconde servait de cuisine , et il fallait que tout cela logeât Taerchoost, sa femme, une jeune fille de vingt ans, un bijoutier, un apothicaire et moi.

Les bienfaits dont me comblait la pauvreté hospitalière ne pouvaient dissiper ma profonde douleur. Le souvenir de l'infortuné d'Alègre remplissait mon ame d'un sentiment douloureux ; je ne pouvais douter que l'implacable marquise ne l'eût replongé dans les fers, et j'attendais avec impatience que mon père , en m'envoyant des secours , me fournît les moyens de l'en arracher ; j'étais résolu à tenter du fond de ma retraite tous ceux que mon indignation me suggérait pour y parvenir.

Le hasard me fit rencontrer un particulier très-riche, originaire de Montagnac , lieu de ma naissance ; il ne me connaissait pas personnellement, parce qu'il était établi depuis très-long-tems à Amsterdam ; mais il se souvint parfaitement de mon père et de toute ma famille. Bien différent de M. Martin, il me combla de caresses et d'honnêtetés. Il exigea que je vinsse loger chez lui ; il me donna sa table, une chambre, du linge, dont je n'avais pas changé depuis plus de quarante jours , et me fit faire un habit très-propre. Cet honnête Français se nommait Louis Clergue ; aussi bon , aussi sensible que Taerchoost, il prit la même part à ma

situation , et apporta des soins aussi empressés,
mais plus efficaces pour la soulager. Il recevait
chez lui très-bonne compagnie ; dès qu'il connut le
détail de mes infortunes, il assembla tous ses amis,
moins pour leur en faire part et satisfaire leur
curiosité , que pour tranquilliser son esprit et re-
cueillir leur avis sur le parti que j'avais à prendre.
L'enlèvement de d'Alègre à Bruxelles l'alarmait
vivement par rapport à moi ; il apprenait à juger,
d'après cela, du crédit et de la rage de la marquise
de Pompadour , et il craignait qu'elle ne pût faire
contre moi, en Hollande, ce qui lui avait été possible
dans le Brabant contre mon compagnon.

Toutes ces personnes pensèrent que je ne courais
aucun danger, que les Etats-Généraux et le peuple
d'Amsterdam ne trahiraient pas aussi lâchement la
confiance que je montrais , en venant chercher près
d'eux asile et protection ; toutes me conseillèrent
d'y jouir en repos de la tranquillité que j'y trouvais.

Cela ne rassura pas encore l'honnête Clergue ; il
craignait que la honte ne m'eût empêché de conve-
nir des fautes que j'avais commises , parce qu'il ne
pouvait concevoir qu'on persécutât aussi indigne-
ment un innocent. En partant de ce principe, il
devait croire que je m'étais souillé de grands crimes.
Un jour, m'ayant pris à part, il me dit : Une passion vive ou un moment d'erreur ont pu vous éga-
rer, et vous porter à quelques excès envers la mar-

quise de Pompadour. Avec un cœur innocent , on éprouve quelquefois des remords ; je ne demande pas à lire dans le vôtre , mais consultez-vous ; si vous avez quelque chose à vous reprocher , je puis vous procurer les moyens de passer dans des lieux où vous serez à l'abri de toute crainte. Demain, j'emmènerai souper avec vous un capitaine de vaisseau qui part dans peu pour Surinam , et j'obtiendrai facilement qu'il vous prenne à son bord. J'assurai Clergue que je lui avais dit la plus exacte vérité , que je n'avais à me reprocher que quelques écrits satiriques , et que, fort de mon innocence , je croyais pouvoir braver la rage de mes persécuteurs.

Pendant que je vivais avec sécurité dans l'asile ouvert par l'amitié compatissante, en me flattant que dans un pays libre je n'avais rien à craindre des poursuites du despotisme , la cour de Versailles suscitait contre moi un nouvel orage ; l'ambassadeur de France s'abaissait à solliciter près des Etats de Hollande la permission de me faire arrêter. Ce sénat, intimidé par des menaces, ou corrompu par de riches présens , eut la lâcheté de l'accorder.

Toutes mes démarches étaient tellement épiées, que, malgré les précautious que j'avais prises de changer de nom, et de neme faire adresser directement aucune de mes lettres , elles furent toutes interceptées , et on ne m'en laissa parvenir qu'une seule, qui fournissait les moyens de s'assurer de ma personne. On concevait bien qu'il y aurait du danger à me faire arrêter dans la maison de Clergue ; on eût été obligé de rendre compte des motifs pour lesquels on me ravissait ma liberté. Pour éviter cet inconvénient, voici le moyen dont on usa. On me laissa parvenir une lettre de mon père, laquelle contenait un effet sur le sieur Marc Fraissinet, banquier à Amsterdam, payable le 1er juin de cette année 1756. On suivit tous mes pas, et lorsque je me présentai chez le banquier, à dix heures du matin, je fus arrêté, garrotté et traîné ignominieusement au milieu d'une populace avide de spectacle à qui on persuada que j'étais un scélérat insigne.

La foule que cet événement rassembla devint bientôt si considérable, qu'il était difficile de pénétrer dans les rues où se passait cette scène de violence. Les recors qui me conduisaient, nommés *dindres* dans ce pays, étaient armés de gros bâtons, avec lesquels ils frappaient ceux qui s'avançaient trop près, et bien entendu sur moi, pour me faire avancer plus vite. Ils me conduisirent à l'hôtel-de-ville, où nous trouvâmes une si grande foule de curieux, que mes *dindres* ne purent me faire place qu'en redoublant les coups de bâton. J'en reçus un si violent sur la nuque, que je tombai sans connaissance. J'ignore combien de tems je restai dans cet état, ni de quelle manière on me fit sortir de l'hôtel-de-ville ; mais lorsque je repris mes sens, je me trouvai seul, jeté sur un peu de paille, dans un cachot obscur. Quel affreux réveil !

Je la retrouvais donc encore cette solitude effrayante, ce silence de la mort, qui tant de fois avait anéanti tout mon être. Je la retrouvais plus accablante et plus terrible. Jusque-là du moins l'espoir m'avait soutenu, souvent même consolé au milieu de mes fers ; cette fois, il ne m'en restait plus !.... grand Dieu !...

Vers les neuf heures du soir, je reçus la visite de l'exempt français chargé de me ramener à Paris : il se nommait Saint-Marc. *Voilà*, m'écriai-je, *le valet de la Pompadour, le valet de la plus dégoûtante prostituée.* Ce misérable venait insulter à ma situation ; il eut la bassesse de m'outrager par d'insolentes ironies, et de m'appeler l'incorrigible pamphlétaire. « Je ne devais, disait-il, prononcer qu'avec respect » le nom de la marquise de Pompadour ; elle ne » m'attendait que pour me combler de grâces ; loin » de me plaindre, j'aurais dû baiser la main géné- » reuse qui me frappait, chacun de ses coups était » une faveur et un bienfait. » Je ne regardai cet homme que comme un vil scélérat, trop méprisable pour que je daignasse lui répondre.

Cependant Louis Clergue et ceux de ses amis, instruits de mon innocence et de mon étonnante arrestation, si contraire aux lois du pays, agissaient vivement parmi le peuple et commençaient à l'en-flammer : je fus instruit dans le fond de ma prison que l'on entendait déjà des murmures, que tous les citoyens demandaient ma liberté ; qu'ils se plaignaient vivement du gouvernement qui osait violer les lois en faveur d'une tyrannie étrangère. *Respectez le droit des gens ; respectez les droits de l'hospitalité, qu vengeance !* criait-on de toute part. Ces cris, loin d'apporter l'espoir dans mon ame, me causèrent les plus vives alarmes. Je considérai que j'étais au pouvoir de mes ennemis, qu'il leur serait facile de disposer de mes jours, et de publier ensuite que, coupable des plus grands crimes, je m'étais donné la mort pour échapper au désespoir ou au supplice.

Ces réflexions effrayantes roulaient dans mon esprit, lorsqu'une scène affreuse vint redoubler mes terreurs. Sur les huit heures du soir, j'entendis un bruit épouvantable, et je vis tout-à-coup, à travers les grilles de mon cachot, une douzaine de personnes l'air agité, inquiet, dont les unes portaient des fallots, et les autres des barres de fer pointues et d'énormes marteaux ; ma porte s'ouvre avec fracas, et tous ces hommes, dont la figure seule inspirait l'effroi, m'entourèrent sans proférer une parole. L'exempt Saint-Marc était avec eux.

Je crus toucher à ma dernière heure ; je cherchai à démêler, à la vue de leurs armes, quel allait être le genre de mon supplice, et quelle devait être la fonction de chacun de ces bourreaux, qui me considéraient avec des yeux farouches. *Eh bien ! Saint-Marc,* m'écriai-je, *frappe, commande, j'attends tes coups sans trembler.* Il ne me répondit pas. Les dindres se mirent à regarder les murailles de mon cachot ; je crus qu'ils cherchaient un endroit commode pour planter un clou et y attacher une corde ; quelques-uns cherchaient avec leurs barres de fer s'il n'y avait pas de pierres détachées, tandis que d'autres frappaient sur les grilles avec leurs marteaux. Cette opération faite, ils sortirent tous sans avoir ouvert la bouche.

J'appris depuis que c'était la visite des cachots, qui se renouvelle très-souvent dans ce pays. Je restai neuf jours dans le mien, sans entendre parler de rien ; on était allé solliciter pendant ce tems, près du gouverneur-général du Brabant, la permission de me faire passer sur le territoire autrichien. On devait l'attendre, sans doute, de celui qui avait permis, contre toutes les lois, d'enlever sous ses yeux le malheureux d'Alègre. J'aurais désiré pouvoir taire le nom de ce gouverneur, il m'est pénible d'avoir à prononcer celui du prince CHARLES DE LORRAINE.

Cette fatale permission étant arrivée, on vint le 9 juin 1756, à dix heures du matin, m'apporter dans le cachot une ceinture de cuir, que l'on me mit autour du corps ; de chaque côté étaient de gros anneaux, auxquels étaient attachés deux cadenas ; on y enferma mes mains, pendantes et retenues par ce moyen à mes côtés. En sorte que, par un raffinement de barbarie, je fus traité plus cruellement que les scélérats : on ne met à ceux-ci que des menotes, qui ne les empêchent point de mouvoir leurs bras, et de s'en servir. On me fit mettre ensuite dans un traîneau, sur lequel se placèrent un exempt hollandais et un dindre à chaque portière ; on me fit passer une seconde fois l'humiliante revue de tout le peuple d'Amsterdam, trompé par le bruit que l'on avait fait répandre que j'étais un scélérat insigne, auxquels jamais aucun État ne peut accorder d'asile.

Arrivé au port, je trouvai l'inspecteur de police français. On m'embarqua dans un vaste bateau, destiné pour Rotterdam, où un autre me transporta jusqu'à Anvers. Pendant ce douloureux voyage, les liens qui m'attachaient les bras ne me permettaient pas de porter mes mains à ma bouche, il fallait qu'on me donnât à manger. Cette horrible gêne dura jusqu'à ce que l'exempt français, ému de pitié, fît apporter de nouveaux fers : on m'ôta la ceinture, et on me mit en place une menote au bras droit ; elle était séparée par une chaîne d'un pied de longueur, d'une autre menote qu'on attacha au bras gauche d'un des dindres, à la merci duquel je me

trouvais par ce moyen , en sorte que l'un des deux
ne pouvait pas faire un mouvement sans que l'autre
ne s'y prêtât ou n'en fût le témoin. Arrivés au port
de Rotterdam , on me remit l'infernale ceinture ,
pour traverser à pied la ville, au milieu de tout le
peuple assemblé, qui me conduisit en tumulte jusqu'au port : on me porta à fond de cale de la barque, qui partit pour Anvers, où nous étions attendus
par le grand prévôt du Brabant et trois archers, qui
montèrent avec nous dans des chaises de poste. On
me conduisit à Lille , les bras liés par derrière.

Dès que nous fûmes dans cette ville, l'exempt français renvoya tous les satellites étrangers, et jugeant à
propos de se reposer de ses fatigues dans cette ville,
il me conduisit à la prison royale, où il rendit le
geôlier garant de ma personne. Celui-ci, pour s'en
assurer davantage, s'avisa de m'attacher avec un
boulon à la chaîne d'un déserteur qu'on recondui-
sait à son régiment, et qui était prévenu qu'on devait l'y pendre le lendemain. Cet infortuné jeune
homme avait à peine dix-neuf ans.

Le lendemain on vint me prendre pour continuer
mon funeste voyage. L'exempt Saint-Marc se plaça
dans la chaise de poste à côté de moi , après avoir
pris la précaution de me faire mettre les fers aux
pieds. Il était armé de pistolets, ainsi que son domestique qui courait à la portière, et qui avait ordre de tirer sur moi , au moindre mouvement que

je ferais ; ce qui m'eût peu effrayé sans doute, si j'avais pu me mouvoir.

C'est dans cet état que nous arrivâmes, le lendemain, sur les six heures du matin, à la Bastille. Saint-Marc y fut reçu comme une divinité bienfaisante. Pour moi, je fus dépouillé de mes vêtemens ; et, comme la première fois, couvert de lambeaux. On me mit les fers aux pieds et aux mains, et on me replongea dans un cachot avec quelques poignées de paille. Là, j'eus pour gardiens tous ceux à la surveillance desquels j'avais échappé, et qui avaient été punis, par trois mois de cachot, du crime involontaire de n'avoir pas empêché mon évasion.

Pendant quarante mois consécutifs, je restai dans les fers, en proie à toute l'horreur de mon sort et à la tyrannie de mes impitoyables persécuteurs. C'est assez parler de tortures et de bourreaux ; occupons-nous un moment des consolations, des adoucissemens même que j'ai su goûter dans ce cachot.

Oui, des adoucissemens ; je parvins à m'en procurer. On conçoit facilement que ce n'est pas des hommes que je les reçus ; pouvais-je encore en attendre d'eux ? Je les trouvai dans la compagnie des animaux qui nous paraissent les plus vils et les plus rebutans ; je les trouvai en me mêlant à leurs jeux et à leurs plaisirs.

Long-tems j'avais compté, dans le nombre de

mes maux physiques, le tourment d'être inquiété sans cesse par une foule de rats qui venaient chercher un asile et de la pâture sur ma paille. Quelquefois lorsque je dormais, ils couraient sur mon visage, et plusieurs fois ils me causèrent, en me mordant, les douleurs les plus aiguës. Hors d'état de me délivrer de leur présence, et forcé de vivre avec eux, je conçus le projet de m'en faire des amis. Bientôt ils daignèrent m'admettre parmi eux, et je leur ai dû la seule distraction heureuse que j'aie éprouvé pendant les trente-cinq années de mon infortune. Voici comment s'établit et se forma cette société singulière.

Les cachots de la Bastille étaient octogones; dans celui où j'étais alors, il y avait une meurtrière à deux pieds et demi au-dessus du terrain. L'entrée avait environ deux pieds de longueur, sur dix-huit pouces de large : elle allait toujours en diminuant, de sorte qu'à la partie extérieure du cachot, elle n'avait guère plus de trois pouces. C'est par là qu'entrait le peu d'air et de jour dont on me permettait de jouir ; la pierre qui en formait la base me servait aussi de siége et de table, quand, fatigué de rester sur une paille pourrie et infecte, je me traînais à cette meurtrière pour respirer un air nouveau : alors pour alléger le poids de mes fers, je posais mes coudes et mes bras sur cette pierre horizontale. Un jour, étant dans cette attitude, je vis

paraître à l'autre extrémité de la meurtrière **un**
gros rat ; je l'appelai, l'animal me regarda sans
montrer aucune crainte ; je lui jetai doucement un
peu de pain, et j'eus soin de ne pas l'effrayer par
un mouvement trop vif. Le rat s'approcha, prit le
morceau de pain, fut le manger un peu plus loin,
et parut m'en demander un second ; je le lui jetai,
mais plus près ; un troisième encore moins loin, et
ainsi de plusieurs autres. Ce manége dura tant que
j'eus du pain à lui donner, car après voir satisfait
son appétit, le rat porta dans un trou toutes les miet-
tes qu'il ne mangea pas.

Le lendemain il revint, je fus aussi généreux,
et joignis même un peu de viande qu'il parut trouver meilleure que le pain. L'animal, cette fois,
mangea en ma présence, ce qu'il n'avait pas fait la
veille. Le troisième jour, il s'était familiarisé assez
avec moi pour venir prendre à la main ce que je
lui présentais.

J'ignore où était auparavant sa demeure, mais il
parut vouloir en changer pour se rapprocher de
moi ; il aperçut de chacun des côtés de la meurtrière un trou assez profond ; il les examina tous
deux, et fixa son domicile dans celui à droite, qu'il
trouva sans doute le plus commode. Le cinquième
jour, pour la première fois, il vint y coucher. Le lendemain, il me rendit sa visite de très-bonne heure ;
je lui donnai à déjeuner : **quand il** eut bien mangé,

il me quitta, et ne reparut plus que le jour suivant,
qu'il vint comme de coutume. Je m'aperçus, lorsque le rat sortit de son trou, qu'il n'y était pas seul ;
je vis une femelle qui ne montrait que sa tête, et qui
semblait épier ce qui se passait autour d'elle ; j'eus
beau l'appeler, lui jeter du pain, de la viande, elle
paraissait beaucoup plus timide, et ne vint pas d'a-
bord les chercher : cependant elle se hasarda peu à
peu à sortir de son trou, et à prendre ce que je pla-
çais à une certaine distance. Quelquefois elle se dis-
putait avec le mâle, et lorsqu'elle avait été plus
adroite ou plus forte, elle fuyait dans sa retraite, et
emportait ce qu'elle avait attrapé ; le rat accourait
alors se consoler près de moi ; et pour punir la femelle il mangeait ce qu'il recevait, assez loin du
trou pour qu'elle n'osât venir le lui disputer, mais
en affectant toutefois de le lui montrer, comme pour
la braver ; il s'asseyait alors sur son derrière, et tenait, comme les singes, avec les deux pattes de devant, le pain ou la viande qu'il grignotait avec un
air de fierté.

Un jour cependant l'amour-propre sans doute de
la femelle l'emportant sur sa retenue, elle s'élance
et parvient à saisir avec ses dents le morceau que
le mâle tenait toujours entre les siennes ; aucun des
deux ne lâcha prise, et tous deux descendirent de
cette manière dans leur trou, où la femelle, qui en
était plus près, entraîna le mâle après elle.

Enfin cette femelle se décida à s'approcher de moi, et s'habitua à manger dans ma main. Quelque tems après, il se présenta un troisième rat : celui-ci fit moins de façons ; dès sa seconde visite, il fut de la famille, et s'en trouva si bien, qu'il voulut que ses camarades partageassent mon amitié et mes faveurs. Le lendemain il accourut accompagné de deux autres ; ceux-ci, dans le courant de la semaine, en amenèrent cinq : en sorte que, dans moins de quinze jours, la société fut composée de dix gros rats extrêmement familiers et caressans.

Je leur donnai à chacun un nom différent, qu'ils ne tardèrent pas à retenir. Lorsque je les appelais, ils venaient manger avec moi, dans le plat ou sur mon assiette ; mais je me trouvai bientôt importuné de cette licence, et fus forcé de leur mettre un couvert à part.

Je les avais tellement apprivoisés, qn'ils se laissaient gratter sous le cou, et paraissaient y trouver du plaisir : mais jamais ils ne voulaient se laisser toucher sur le dos. Quelquefois je m'amusais à les faire jouer et à jouer avec eux : je leur jetais un morceau très-chaud ; les plus pressés couraient dessus, se brûlaient, criaient, le lâchaient, tandis que les moins gourmands, qui avaient attendu, le prenaient lorsqu'il était refroidi, et se sauvaient dans un coin où il se le partageaient.

C'est ainsi que j'eus le bonheur de distraire pendant près de deux ans mes cruels ennuis. Mais hélas ! cette douce et bienfaisante philosophie ne soutenait pas toujours mon courage, et je payais cher alors cet abandon, cet oubli de mes peines. Cependant un hasard heureux vint procurer à mon esprit de nouveaux moyens de s'abuser, et de me fournir ceux de varier les exercices de mes élèves, en multipliant mes plaisirs.

Un jour que l'on était venu changer ma paille, je remarquai dans celle que l'on venait de m'apporter un morceau de sureau qui aidait à la lier. Cette découverte me causa une émotion que je ne puis exprimer ; l'idée d'en faire un flageolet se présenta sur-le-champ à mon esprit et le transporta. Jusque-là je n'avais ouï dans mon cachot d'autre bruit que celui des verrous et des chaînes ; je pourrais donc désormais en dissiper l'horreur par une mélodie douce et touchante : je pourrais cadencer au moins mes soupirs, et peut-être, en abrégeant par ce moyen les heures trop lentes de l'infortune, enchanter quelquefois mes maux, et suspendre ma douleur. Quelle source abondante de jouissance ! mais comment le faire ce flageolet ? mes mains étaient resserrées dans deux gros anneaux de fer, fixés par une barre du même métal : je m'avisai de détacher la boucle qui serrait la ceinture de ma culotte ; je me servis des fers de mes pieds pour la préparer, la plier et en faire une sorte de petit ciseau ; mais il